지속 가능한 성장관리형
도시재생의 전략

지속 가능한 성장관리형 도시재생의 전략

형 시 영 著

책머리에

한국의 대도시는 급속한 도시화의 진전으로 세계에서 그 유래를 찾아보기 힘들 정도로 급속히 성장하였다. 그러나 대도시 내부는 도심만이 가지고 있는 특성의 소멸, 지역의 물리적 쇠퇴 지속, 생활환경 악화에 따른 지지인구 기반의 감소, 경쟁력의 약화에 따른 경제중심지로서의 위상 약화 등 많은 문제를 안고 있다. 그렇다면 도심지역에서의 이와 같은 변화의 양상과 문제의 발생을 어떻게 인식해야 할 것인가?

이 책은 우리나라 지방 대도시에서 진행되고 있는 도심지역의 부정적인 변화, 예컨대 도심의 쇠퇴 또는 공동화에 대한 대응방안을 모색해 보고자 한다. 구체적으로는 과연 우리나라 대도시 도심지역에서 도심쇠퇴의 양상은 어떻게 나타나고 있으며, 이에 따라 발생하는 문제는 무엇인가? 도심재생을 위한 실천적인 방안(정책, 시책, 사업 등)은 어떻게 모색되고 있는가? 도심재생을 뒷받침하기 위해서는 어떠한 정책·제도적인 방안이 필요한가? 라는 질문에 대한 답을 찾는 것을 그 목적으로 하고 있다.

최근 들어 도심재생을 위한 논의들이 진행되고 있지만, 실증적 연구는 부족한 실정이다. 따라서 도심재생에 대한 실천적인 논의를 도출하기 위해서는 도심쇠퇴 현상이 나타나고 있는 대도시 도심지역에 대한 현황분석이 필요하다. 또한 도심쇠퇴 현상이 나타나고 있다면 과연 어떤 형태로 그리고 어느 정도 진행되고 있는가에 대한 현상 진단과 그 원인을 규명하는 작업이 뒤따라야 한다. 한국적 상황과 대도시 특성에 따라 그 원인에 차이가 있는지를 분석함으로써 차별화된 처방책을 모색할 수 있을 것이다. 이를 통해 이 책에서는 우리나라 대도시의 도심재생을 위한 정책적 대응방안을 마련함으로써 도시가 지속적으로 발전하도록 하는데 그 목적이 있다.

이 책에서는 위와 같은 연구목적의 달성을 위해 다음과 같은 연구범위와 연구방법을 설정하였다. 먼저 내용적 범위에 있어서는 도심쇠퇴와 재생에 관한 이론적 고찰, 도심쇠퇴 현상분석과 현상의 구체적 양상 및 문제분석, 그리고 도심재생을 위한 정책분석을 시도하였다. 또한 연구방법으로는 기존의 연구와 이론에 대한 문헌 고찰과 이를 통한 연역적 틀을 제시하고, 사례지역에 대한 실증분석을 시도하였다. 실증분석에 있어서는 기존의 통계자료와 사례를 분석하였으며, 설문조사를 병행하였다. 또한 도심의 변화 또는 재생을 위한 정책, 시책, 사업을 분석하여 도심재생을 위한 방안을 모색하였다. 이를 통해 도심재생을 위한 기본 방향과 전략을 설정하고, 도심지역의 재생전략을 효율적으로 수행할 수 있는 추진체계의 확립방안으로서 정책·제도적, 금융·재정적, 조직·체계적 관점에서 시사점을 도출하였다.

이러한 결과를 반영하여 이 책에서는 지방 대도시 도심재생을 위한 정책방안에 있어서 크게 도심재생의 방향과 전략 측면, 도심재생을 위한 추진체계확립 방안이라는 두 가지 차원에서 정책방안을 제시하였다.

먼저, 도심재생의 방향과 전략에 있어서 도심재생을 위한 기본 방향으로서 도심의 흡인력 제고와 쾌적한 도심환경의 정비, 도심으로의 접근성 향상과 도심주거환경의 개선방안을 제시하였다. 다음으로 도심재생을 위한 전략으로는 도심기능의 강화와 도심산업의 육성 그리고 정주환경의 개선 및 물리적 환경의 정비방안을 제시하였다.

도심지역의 재생 또는 활성화를 위하여 갖추어야 할 구체적인 추진체계확립 방안은 정책·제도적 측면, 금융·재정적 측면, 조직·체계정비 측면 등으로 구분하여 살펴보았다.

본 연구를 수행하면서 지방자치단체에 있어서 도심의 균형 있는 발전, 지속적인 성장과 관리정책이 무엇보다 중요한 과제로 대두되고 있음을 알 수 있었다. 또한 이러한 비중 있는 과제에 대한 대처가 현실적으로 매우 부족하고, 체계화되지 못하고 있음이 아쉬움으로 남는다.

도심재생을 위한 정책방안에 있어서도 무엇보다 중요한 것은 획일적이고 중앙정부에 의존적인 정책제시보다는 지역사회 주체들과 지방자치단체가 지역의 특성과 역사와 가치를 중심으로 진지하게 검토한 정책들을 상호 파트너십을 통해 추진해 나가려는 노력들이 필요하다.

이 책은 필자의 박사학위 논문인 「지방 대도시의 도심재생 방안에 관한 연구」를 가감 없이 펴낸 것이다.

의욕과 호기심으로 시작한 논문을 완성하는 과정에서 많은 인내가 필요했으며, 스스로의 한계를 경험하였다. 지식의 일천함과 꾸준히 집중하여 연구를 수행하는 것의 중요성을 몸소 체험한 기회였으며, 연구하는 이로서의 자세를 준비할 수 있었던 시간으로 기억된다.

너무나 부족한 필자에게 지속적인 지도와 성원을 아끼지 않으셨던 오재일 교수님과 논문을 지도해 주신 교수님들께 감사의 마음을 전하고 싶다. 그리고 언제나 사랑과 격려로 힘을 주시는 부모님께도 감사드리며, 영원한 나의 동료이자 친구인 아내에게 고마움을 전한다.

2006년 1월

일본 호세대학 연구실에서

차 례

제1장 서　론

제1절 연구 배경과 목적

1. 연구의 배경

전통적인 농경사회에서 산업사회를 지나 후기 산업사회로 사회구조가 바뀌는 과정에서 한국의 대도시는 농촌에서 도시로의 인구 이동에 따른 도시화의 진전으로 세계에서 그 유래를 찾아보기 힘들 정도로 급속히 성장하였다.[1] 대도시 자체로는 전반적으로 인구와 산업활동이 증가하고, 건축물이

1) 우리나라가 본격적인 산업화 과정을 걷기 시작한 1960년대 이후 도시화 추이는 〈표 1-1〉에서 제시되어 있는 바와 같다. 1960년도에는 전국 인구의 35.8%가 도시지역에 거주하였으나, 1970년대 초반에는 도시인구와 농촌인구가 동일한 시점을 지나, 1980년 66.7%, 1990년 79.5%로 증가하였으며, 2000년 현재 전국 인구의 84.5%가 도시지역에 거주하고 있다. 이는 전 세계의 도시화율 평균치 42.7%와 선진국 도시화율 평균치 72.7%를 훨씬 상회하는 비율임을 알 수 있다. 건설교통부. (2002). 「도시통계자료」.

〈표 1-1〉 우리나라 도시화 추이

(단위: %)

구 분	1960	1965	1970	1975	1980	1985	1990	1995	2000
도시화율	35.8	42.1	49.8	58.3	66.7	74.1	79.5	82.9	84.5

주: 도시인구는 동(洞)지역의 인구+인구 2만 이상 읍(邑)지역의 인구를 기준으로 함.
자료: 통계청. 「인구 및 주택총조사 보고서」. 각 연도.

신·증축되고 있으며, 도시 기반시설의 공급이 증대되는 등 개발활동이 증가하고 있다. 그럼에도 불구하고, 도시 내부는 도심만이 가지고 있는 특성의 소멸, 지역의 물리적 쇠퇴 지속, 생활환경 악화에 따른 지지인구 기반의 감소, 경쟁력의 약화에 따른 경제중심지로서의 위상 약화 등 많은 문제를 안고 있다(서울특별시, 2000: 28~29). 그러면 도심지역에서의 이와 같은 변화의 양상과 문제의 발생을 어떻게 인식해야 할 것인가?

유럽과 미국 대도시의 경우 도시 중심부(downtown)는 도보통행과 대중교통수단의 집중에 의하여 형성되었으며, 이 지역에서는 도시활동들이 고도로 집중되고, 땅값도 가장 비싸며, 경제활동도 거의 전 범위에 걸쳐 이루어졌다. 그러나 자동차시대(motorization age)의 도래에 따라 도심기능들이 교외로 분산되기 시작함으로써 도심지역은 인구밀도가 감소하고, 보행자 편의성이 약화되었으며, 경제활동이 감소되는 현상이 본격적으로 대두되었다. 이것은 유럽과 미국 대부분 대도시들이 1960년대 이후 공통적으로 겪게 되는 도심쇠퇴의 문제이다(김창석 외, 2000: 145).

위와 같이 선진국 대도시들이 겪은 경험에 비추어 볼 때 우리나라 대도시들의 도심지역은 과연 어떠한지? 즉, 그들은 여전히 성장하고 있는지? 아니면 쇠퇴의 국면에 접어들었는지? 궁금하지 않을 수 없다.

우리나라의 경우, 산업화와 도시화 과정을 거치면서 사람과 산업의 도시집중이 가속화되었고, 이에 따라 자연적으로 도시의 공간적 범위가 외연적으로 확대되었다. 도시가 외연으로 확장하여 외곽시가지가 급속히 형성되면 중심상업·업무지구(CBD)와 내부시가지 등의 도심지역은 다음과 같은 쇠퇴양상을 보인다. 가장 먼저 나타나는 양상은 도심지역 내 상주인구의 점진적인 감소이다.[2] 다음으로는 쾌적한 주거환경을 찾아 중산층 주민이 외곽으로 이전

---

2) 서울과 부산은 1990년대 후반부터 전체 인구가 감소 또는 정체하고 있으며, 도심인구도 대폭 감소하고 있다. 대구, 인천, 광주, 대전 등 대도시의 경우 전체 인구는 증가하고 있으나, 도심인구는 서울이나 부산과 마찬가지고 감소하고 있다(〈표 1-2〉 참조).

함에 따라 빈곤층, 비숙련 노동자, 노령인구 등 하위계층 주민의 비율이 증가하며, 각종 사회적 병리현상(범죄, 분쟁, 슬럼화 등)이 초래되는 것이다. 도심지역 인구의 감소와 외곽지역의 상업활동이 증가하는 현상은 필연적으로 도심지역의 전통산업이나 서비스업을 퇴조시키고 이에 따라 고용기회가 감소하며, 경제적 중심기반으로서의 역할을 상실한다. 이러한 인구 및 고용의 감소는 도심지역 내 물리적 기반시설의 불량화 또는 부족을 촉진한다(계기석, 2002a: 50~52). 결과적으로 주거, 상업기능의 유출과 함께, 행정, 교육 등 공공기관과 기업의 본사 등 업무기능이 이전함에 따라 도심지역은 본격적으로 쇠퇴하게 된다.

영국이나 미국, 일본 등 선진 외국의 경우 도시화의 안정단계에 접어들기 시작한 1960년대에 이미 도심지역에 관하여 성장의 한계, 환경문제에 대한 논의가 시작되어 재개발, 기성시가지 정비 등을 골자로 하는 도시재생[3]이 정책의 주요 대상이 되기 시작하였다. 이에 따라 이들 선진 외국들은 도시의 쇠퇴를 체계적으로 조사하고, 기성시가지의 정비, 고용증대, 기반시설투자, 교육훈련 제고 등의 측면에서 종합적으로 대책을 마련하고 있다. 특히, 1990년대부터는 지속 가능한 도시개발의 관점에서 도심을 재생하여 도시의 부흥(urban renaissance)을 도모하기 위한 정책적 전환(Urban Task

〈표 1-2〉 대도시 도심지역의 인구추세

(단위: 천 명)

연도	서울			부산		대구		인천		광주		대전	
	전체	종로구	중구	전체	중구	전체	중구	전체	중구	전체	동구	전체	중구
1980	8,364	292	242	3,159	98	1,604	218	1,083	84	727	213	652	283
1985	9,639	265	209	3,514	91	2,029	183	1,386	83	905	222	867	306
1990	10,612	243	188	3,798	77	2,229	153	1,817	81	1,139	191	1,049	297
1995	10,595	204	145	3,892	65	2,485	115	2,362	75	1,287	152	1,268	265
2000	10,373	188	144	3,812	58	2,538	92	2,562	73	1,375	124	1,390	267
2002	10,280	184	141	3,747	56	2,540	87	2,596	80	1,401	117	1,425	266

자료: 통계청. (1980 · 1985 · 1990). 「인구 및 주택총조사 보고서」.
통계청. (1995 · 2000 · 2002). 「주민등록인구통계」.

3) 도심재생은 공간적으로 도심지역에 한정하여 도심부의 활성화를 목적으로 한 반면, 도시재생은 도시 전체 관리차원에서 도심지역 활성화를 도모하고 있다.

Force, 1999)이 이루어짐과 동시에 도시성장관리의 측면에서 도심지역을 재활성화하기 위한 다양한 정책과 기법들이 활발히 추진되고 있다(日本政策投資銀行, 2001).

이에 비해 한정된 도시공간에 많은 인구가 모여 살고 있는 우리나라의 경우 도시화율이 이미 90%에 육박하고 있음에도 불구하고, 기존의 도시에 대한 유지·보수 및 관리는 소홀히 하면서 기성시가지 외곽에서는 과도한 개발이 허용되고 있다. 그 결과 교통의 혼잡 및 공해 등으로 인한 사회적 비용이 증가하고, 자연자원이 훼손되며, 도시경관이 파괴되는 등의 많은 문제점이 나타나고 있다. 따라서 이제는 과거의 급속한 도시화 진전시대의 고성장과 효율지향적인 신개발 위주의 도시개발에서 탈피하여 환경 친화적이고, 지속 가능한 도시재생으로의 정책적 방향 전환을 시도할 필요가 있다.

그렇지만 지금까지 대도시의 도심쇠퇴방지와 재생을 촉진하기 위한 정부차원의 종합적인 정책은 없었다고 해도 과언이 아니다.[4] 도심재생을 위한 계획, 정책, 시책, 사업, 추진체계 등을 포괄하는 종합적인 접근이 이루어지지 않고 있다. 최근 들어 서울, 광주, 대전, 전주, 목포, 순천 등이 단순한 도시재개발 차원의 접근에서 탈피하여 도심지역을 활성화하고자 하는 방안을 연구하여 시행하려는 노력을 하고 있다.[5] 그럼에도 불구하고 아직까지는 각

---

4) 2002년 12월 30일 도시및주거환경정비법이 제정됨에 따라 상업지역·공업지역 등으로서 토지의 효율적 이용과 도심 또는 부도심 등 도시기능의 회복이 필요한 지역을 대상으로 도시환경을 개선하기 위한 '도시환경정비사업'을 실시하도록 하였다. 이는 종전의 도시재개발법상 도심재개발사업을 대체하는 것으로서 다소 넓은 관점에서 도심의 체계적 정비와 활성화 사업을 시행할 수 있도록 한 것이지만 여전히 물리적 환경개선에 중점을 두고 있다.

5) 예를 들면, 대전 기존도심 재활성화 방안에 관한 연구(1999), 서울 도심부 관리 기본계획(2000), 천안시 기존도심공동화에 따른 활성화 방안(2000), 목포 구도심활성화 방안 연구(2002), 순천시 기존 도심활성화 기본계획 연구(2002), 전주시 구도심부 활성화 방안 연구(2002), 광주광역시 도심활성화 방안 연구(2003) 등이 있다. 특히 광주광역시는 전남도청의 이전이 가시화 되자 2002년 정부의 지원을 받아 종합적인 관점에서 도심을 활성화하고자 하는 논의가 활발하게 진행되고 있다.

개별사업을 위주로 하는 부분적이거나 단편적인 처방에 그치고 있어 보다 종합적이고 체계적인 도심재생 방안의 연구와 실천이 필요한 실정이다. 이를 위해서는 대도시의 도심재생에 있어 쇠퇴하고 있는 도심지역의 물리・환경적 재생에만 국한하는 접근방법을 탈피하여, 도심의 문제를 보다 실증적으로 파악하고 산업, 경제, 문화, 관광, 사회, 도심개발 등 다양한 분야를 포함하는 종합적 접근(integrated approach)을 시도해야 한다.

즉, 도심쇠퇴 현상을 대도시 도심지역의 심각한 당면과제로 인식하고, 실증분석을 통하여 도심지역을 재생할 수 있는 정책대안을 모색할 필요가 있다.

2. 연구의 목적

위와 같은 문제인식 하에서 본 연구는 우리나라 지방 대도시에서 진행되고 있는 도심지역의 부정적인 변화, 예컨대 도심의 쇠퇴 또는 공동화에 대한 대응방안을 모색해 보고자 한다. 구체적으로는 과연 우리나라 대도시 도심지역에서 도심쇠퇴의 양상은 어떻게 나타나고 있으며, 이에 따라 발생하는 문제는 무엇인가? 도심재생을 위한 실천적인 방안(정책, 시책, 사업 등)은 어떻게 모색되고 있는가? 도심재생을 뒷받침하기 위해서는 계획수단, 시행주체, 사업방식 및 지원법률 등 어떠한 정책・제도적인 방안이 필요한가? 라는 질문에 대한 답을 찾는 것을 그 목적으로 하고 있다.

최근 들어 도심재생을 위한 논의들이 진행되고 있지만, 실증적 연구는 부족한 실정이다. 따라서 도심쇠퇴 현상이 나타나고 있는 대도시 도심지역에 대한 현황분석이 이루어져야 할 것이다. 다음으로 도심쇠퇴 현상이 나타나고 있다면 과연 어떤 형태로 그리고 어느 정도 진행되고 있는가에 대한 현상진단과 그 원인을 규명해야 할 것이다. 특히, 한국적 상황과 대도시 특성에 따라 그 원인에 차이가 있는지를 분석함으로써 차별화된 처방책을 모색할 수 있을 것이다.

따라서 본 연구에서는 우리나라 대도시의 도심재생을 위한 정책적 대응방안을 마련함으로써 도시가 지속적으로 발전하도록 하는 데 그 목적이 있다.

제2절 연구범위 및 방법

1. 연구의 범위

가. 내용적 범위

본 연구의 내용적 범위는 다음과 같다. 도심쇠퇴와 재생에 관한 이론적 고찰, 도심쇠퇴 현상분석, 그러한 현상의 구체적 양상과 문제분석, 그리고 도심재생을 위한 정책분석으로 구성되어 있다.

첫째, 도심의 쇠퇴와 재생에 관한 이론적인 고찰에서는 도심지역의 개념과 기능을 정의하고 도심지역의 성장과 쇠퇴에 관한 이론, 도심재생을 위한 접근방법을 살펴본다. 또한 외국의 관련 사례를 검토함으로써 도심쇠퇴를 방지하거나 대처하기 위하여 시행했던 관련 정책이나 제도를 분석하고, 개선방안 설정을 위한 시사점을 도출한다.

둘째, 도심쇠퇴의 양상과 구체적 성격 그리고 원인을 분석한다. 이를 위해 대도시의 도심공동화 현상이 나타나고 있는 지역을 중심으로 하여 인구변화, 도심산업 현황, 토지이용 현황, 주거환경 현황을 중심으로 도심지역의 변화추이를 분석하고, 관련 당사자들의 도심쇠퇴에 대한 인식과 도심의 여건을 조사하여 분석한다.

셋째, 도심의 변화 또는 재생을 위한 정책, 시책, 사업을 분석함으로써 도심재생을 위한 방안을 모색해 본다. 이를 위해 도심재생과 관련한 기존정책 및 계획을 분석하고, 도심재생 사업을 분석한다.

넷째, 도심재생을 위한 기본방향과 전략을 설정하고, 도심지역의 재생전략을 효율적으로 수행할 수 있는 추진체계의 확립방안으로서 정책·제도적, 금융·재정적, 조직·체계적 관점에서 시사점을 도출한다.

나. 공간적 범위

도심의 쇠퇴는 여러 가지 요인에 의하여 진행되지만 우리나라 대도시들은 대체로 급속한 도시화에 따른 외연적 성장과 도시기능의 지역 간 중복적인 분담에 기인하고 있다. 그러므로 최근 20~30년간 외연적 성장이 많았던 지방 대도시를 대상으로 하였다.

본 연구의 연구대상이자 공간적 범위는 광주광역시이다. 광주광역시 동구지역의 경우 오랜 역사를 가진 광주의 중심지역으로서 전남도청, 광주시청 등 행정관청과 각종 금융기관, 상업지역이 번성한 명실상부한 광주의 중심지이다. 그러나 최근에는 도심기능 유지에 많은 기여를 해온 전남도청이 이전을 추진함에 따라 행정중심도시로 성장, 발전해 온 광주시의 도심공동화를 더욱 심화시킬 우려가 있다. 또한 기존도심지에 있던 광주시청 등이 신시가지인 상무지구로 이전하게 되었고, 이로 인해 기존 도심지역은 상권의 위축, 대관업무와 관련된 서비스업의 이전 등에 의해 도심쇠퇴가 가속화되고 있다.

다. 시간적 범위

본 연구의 시간적 범위는 1980년대 말부터 2002년까지로 하였다. 이 기간

동안 급속한 도시화에 따라 도시 외곽지역에서 택지개발사업이 획기적으로 증가하였고, 이로 인해 도심의 쇠퇴에 직접적으로 영향을 주었다고 판단되기 때문이다. 도심지역의 특성을 보는 현황분석은 행정동별로 2002년을 기준으로 하였고, 추세분석은 1992년부터 2002년의 지표를 기본으로 활용하였다.

2. 연구의 방법

위와 같은 내용들을 다루는 본 연구의 구성은 〈그림 1-3〉과 같이 진행한다. 연구의 기본적인 방법론으로 기존의 연구와 이론에 대한 고찰, 이를 통한 연역적 틀을 제시하고, 사례지역에 대한 실증분석을 시도하였다.

첫째, 기존연구 및 이론에 대한 고찰에서는 관련 논문과 보고서 등에 대한 문헌분석을 통해 도심의 쇠퇴와 재생에 대한 선행연구들을 검토하고, 기존이론과 개념에 대해 이론적 분석을 시도하여, 이를 토대로 분석틀을 설정한다.

둘째, 도심에 대한 현황분석을 통하여 대도시화 과정 및 도시성장 과정에서 나타나는 도심쇠퇴 현상에 대하여 진단한다. 이를 위해 도시 공간구조를 도심지역과 비도심지역으로 구분하고 통계자료를 활용하여 인구, 산업, 토지이용, 주거 등의 변화상황을 분석함으로써 도심기능이 쇠퇴하는 양상을 파악한다.

셋째, 도심지역의 물리·환경적, 경제적, 사회적 여건 분석은 관련 공무원, 자영업 종사자, 지역주민의 인식과 행태를 통해 주관적인 도심변화 상황과 수준을 파악하고, 이를 근거로 대처방안의 모색을 위해 설문분석을 하였다. 설문조사는 2004년 2월 16일부터 20일까지 5일 동안 실시하였으며, 도심활성화의 주체로서 관련 공무원, 자영업 종사자, 지역주민 363명을 설문대상으로 하였다. 표본추출은 도심활성화 업무와 관련이 있는 광주광역시의 도심활성화추진기획단, 도시교통국 도시계획과, 동구·서구·남구·북구청의 도시개발과 공무원 121명을 기준으로 설정하였다. 이 기준을 통해 자영업 종사자는 도심중핵부인 충장동과 중앙동의 상가번영회에 소속되어 있는 자영업자를 중심으로 표본을 추출하였으며, 지역주민은 제1순환도로 내의 도심지역에 해당하는 21개 행정동을 인구별로 할당하여 표본을 추출하였다. 수집된 자료는 SPSS(Statistical Package for Social Science10.0)을 이용하여 분석하였으며, 통계분석은 각 문항에 대한 빈도분석, 교차분석, 응답자의 집단별 특성에 따른 도심재생에 대한 인식의 차이를 알아보기 위하여 χ^2-검정을 실시하였다.

넷째, 특정지역의 도심재생을 위해 수립되었거나 실행 중인 구체적인 방안을 통해 도심발전의 방향과 전략을 강구한다. 구체적으로는 도심지역의 발전전략을 효율적으로 수행할 수 있는 제도적 방안을 계획수단, 시행주체, 사업방식 및 지원법률 등의 관점에서 시사점을 도출한다.

다섯째, 이론에 관한 연구와 실증분석을 통해 나타난 결과에 기초하여 도심재생 방안을 제시한다. 즉, 기존정책들에 대한 분석 및 비판의 토대 위에서 도심쇠퇴에 대응한 정책방안을 제시한다.

마지막으로 연구결과를 정리한다.

〈그림 1-3〉 연구의 구성

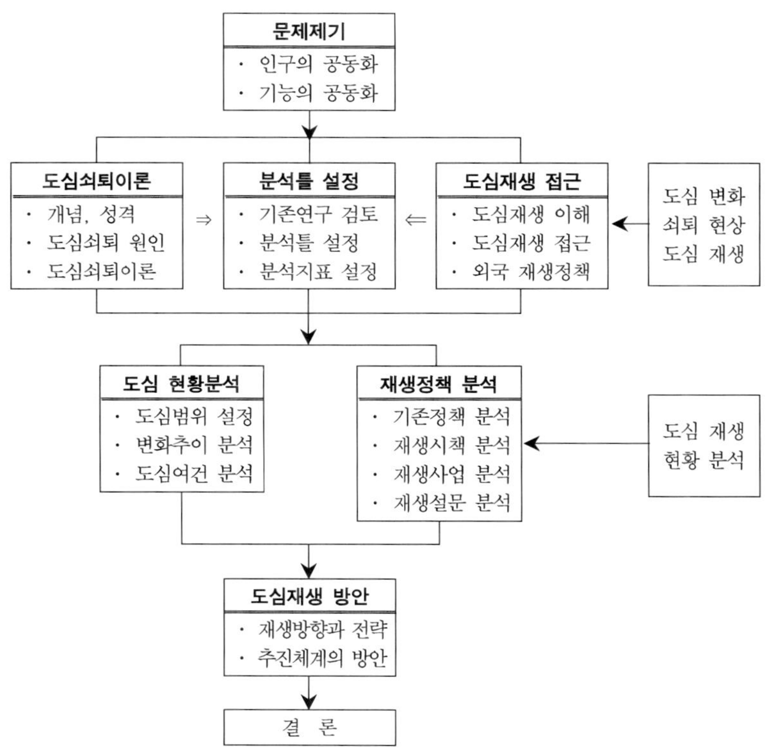
문제제기
· 인구의 공동화
· 기능의 공동화
도심쇠퇴이론
· 개념, 성격
· 도심쇠퇴 원인
· 도심쇠퇴이론
분석틀 설정
· 기존연구 검토
· 분석틀 설정
· 분석지표 설정
도심재생 접근
· 도심재생 이해
· 도심재생 접근
· 외국 재생정책
도심 변화
쇠퇴 현상
도심 재생
도심 현황분석
· 도심범위 설정
· 변화추이 분석
· 도심여건 분석
재생정책 분석
· 기존정책 분석
· 재생시책 분석
· 재생사업 분석
· 재생설문 분석
도심 재생
현황 분석
도심재생 방안
· 재생방향과 전략
· 추진체계의 방안
결 론

제 2 장 도심쇠퇴와 재생에 관한 이론적 고찰

제2장에서는 도심쇠퇴와 재생에 관한 이론적인 고찰을 시도한다. 구체적으로는 도심지역의 개념과 구조를 정의하고 도심지역의 성장과 쇠퇴, 처방에 관한 논의를 통해 도심재생을 위한 이론적인 논거를 제시한다. 또한 도심쇠퇴를 방지하거나 대처하기 위하여 시행했던 외국의 정책과 제도를 분석하여, 도심재생 방안을 설정하기 위한 시사점을 도출한다.

제1절 도심쇠퇴에 관한 이론적 고찰

도심쇠퇴의 개념과 이론적 논거를 제시하기 위한 부분으로 도심지역의 개념, 도심쇠퇴의 양상과 구조, 도심쇠퇴의 과정과 원인에 관한 이론 등을 살펴본다.

1. 도심과 도심쇠퇴

가. 도심의 개념

1) 도심의 정의

도시에는 도심(urban center)이라 불리는 도시의 사회적, 경제적 활동이 집중되어 있는 장소가 존재하기 마련이다. 도심은 국가에 따라 도심지, 중심상업·업무지구, 중심구역, 중심시가지 등으로 다양하게 표현되고 있다. 도심지(downtown)는 외곽의 주거지역(uptown)에 대한 상대적인 의미로서 도시중심가에 상업이 특화된 지역을 말한다. 중심상업·업무지구(CBD: central business district)는 상품과 서비스의 판매활동 그리고 다양한 업무 활동을 통하여 사적인 이익을 추구하는 행위가 집약적으로 이루어지는 구역으로 미국의 도시에서 전형적으로 나타난다. 중심구역(central area)은 주로 영국에서 사용되며, 특정유형의 도시계획적 문제가 발견되는 지역을 구획하기 위해서 도시계획당국이 특별한 기준에 따라 지정하는 일종의 계획구역이다. 중심구역은 중심 업무기능이 발견되는 지역뿐만 아니라 공업 및 주거지역까지 포함하여 구획하는 것이 일반적이다. 중심시가지(中心市街地)는 일본의 중심시가지 활성화법1)에 규정되어 있으며, 시가지에 상당수의 소매상업 및 도시기능이 집적되어 기초자치단체인 시・정・촌(市町村)의 중심역할을 하고 있는 시가지, 그러한 시가지가 되리라고 예상되는 곳 혹은 그러한 시가지가 되도록 계획적으로 조성하여야 할 곳을 의미한다.

이처럼 도심의 정의는 다양하지만 서로 겹치는 개념이어서 통상 혼용되고 있으나, 대체로 중심상업・업무지구(CBD)와 같이 도심의 기능이 집적된 곳을 일컫는 기능적 개념과 중심구역, 중심시가지 등과 같이 집적된 도시활동의 결과로 형성된 중심지를 뜻하는 지리적 개념으로 구분할 수 있다(계기석・김형진: 2003: 15). 따라서 본 연구에서는 "도시중심부"의 준말에 해당하는 도심 또는 도심지역(urban center)이란 표현으로 통일한다.

도심에 대한 정의와 표현은 학자에 따라 다소 차이가 있으며, 연구대상이나 방법에 따라 매우 다양하게 나타나고 있다. 예를 들면, 깁스(Gibbs, 1961: 187)는 도심을 도시라고 하는 하나의 인간 정주공간에 형성된 중심

1) 중심시가지 활성화법의 정식 명칭은 「(中心市街地における市街地の整備改善及び商業等の活性化の一体的推進に關する法律 第92号)」이다. 이 법률은 도시의 중심시가지가 지역경제 및 사회발전에 미치는 역할의 중요성에 비추어 보아, 도시기능의 증진 및 경제 활력의 향상을 도모하는 것이 필요가 있다고 인정되는 중심시가지에 대해서 지역에 대한 창의적 노력을 살리면서, 시가지의 정비개선 및 상업 등의 활성화를 일체적으로 추진하기 위한 조치를 강구함으로써 지역의 진흥 및 질서 있는 정비를 도모함에 의하여 국민생활의 향상 및 국민경제의 건전한 발전에 기여하는 것을 목적으로 하고 있다(http://chushin-shigaichi-go.jp/frame/f-laws.htm).

지로서 교통활동, 상업활동 등 도시 내 최고위의 중추적 활동들의 집적체라고 정의했다. 후버(Hoover, 1971: 299)는 도심을 도시지역에서 전반적으로 최고 접근도를 갖는 지점이라고 정의했다.

어떻든 도심은 도시의 어떤 다른 지역보다 경제활동이 집중된 곳이며, 사무실 등 대부분의 고층건물이 밀집되어 있고, 차량과 사람들의 왕래로 혼잡한 지역이다. 또한 도시 내에서 입지여건이 가장 양호한 곳으로 입지경쟁이 일어나 토지이용 면에서 가장 집약적인 기능인 사무실기능과 고급 중심성 상업기능이 도심을 점유하게 됨으로서 지가 혹은 지대가 최고인 지역 즉, 도시의 핵이라고 볼 수 있는 장소이다.

2) 도심지역의 구조

대도시는 중심상업・업무지구(CBD), 내부시가지(inner area), 외부시가지(outer area), 교외(suburb)로 나눌 수 있으며, 시가지는 이 중 교외를 제외한 중심상업・업무지구, 내부시가지, 외부시가지로 구분한다.

중심상업・업무지구와 내부시가지를 포함한 도심지역은 도심중핵부(core)와 도심주변부(frame)로 구분한다. 도심중핵부는 상업・업무기능이 집적되어 도시의 최고중심지 역할을 하는 지역이고, 도심주변부는 도심중핵부와 인접하고 주거・상업・공업기능이 혼재된 점이지대(transition area)이다(김창석 외, 2000: 20~27). 도심중핵부는 중심 상업기능이 집적된 가장 높은 수준의 고밀도 토지이용이 이루어지는 지역이며, 도심주변부는 한때 도심중핵부와 같이 중심적인 역할을 수행했으나 도시가 쇠퇴함에 따라 대체로 상주인구가 감소하고 건축물의 노후화가 급격히 진행되는 특징을 갖고 있다(계기석・김형진: 2003: 15).

본 연구에서는 도시를 행정구역 단위로 파악하는 한편 〈그림 2-1〉에서 보는 바와 같이 도시를 도심지역과 비도심지역으로, 도심지역은 다시 도심중핵부와 도심주변부로 구분한다.

〈그림 2-1〉 도심구조의 개념

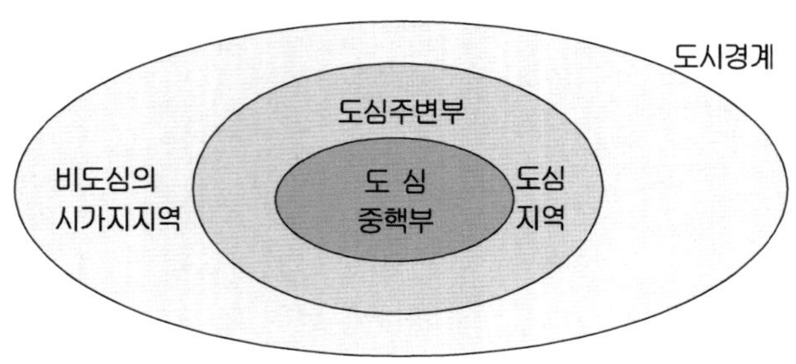

나. 도심쇠퇴 현상의 발생

나라 안에서 지역 간의 격차가 발생하듯이 도시 내에서도 지역 간의 차이가 발생한다. 도시가 성장하여 대도시 구조를 형성하게 되면, 대도시 내에서 성장하는 지역과 쇠퇴하는 지역이 구분되어 나타나는 경우가 많다. 쇠퇴지역의 출현은 도시가 성장하는 과정에서도 나타날 수 있지만, 경제적으로 쇠퇴 과정을 겪고 있는 도시에서는 더욱 뚜렷이 나타난다. 그런데 도시 내에서 쇠퇴 내지 정체하는 지역은 오래된 기성시가지나 내부시가지에서 나타나는 경우가 대부분이다. 즉, 도시 내 쇠퇴지역은 내부시가지 지역에 집중적으로 발생하고, 이것이 도시화단계나 도시 분산정책과 결부된다는 점을 인식하기 시작함으로써 이른바 도심쇠퇴 문제로 부각되었다.

도심쇠퇴 문제가 본격적으로 조사・연구되고, 이에 대한 정책적 대응이 강구되기 시작한 것은 영국이다. 1970년대 초부터 런던, 리버풀, 버밍햄 등의 대도시에서 인구와 일자리가 줄어들고 경기가 침체되기 시작하면서 도시 내 쇠퇴지역에 대한 관심을 불러일으켜 그 원인에 대한 연구가 전개되었다. 인구와 산업의 분산정책은 대도시 내의 인구와 일자리를 감소시켜 기존 대도시의 침체를 야기하는 계기를 마련한다는 점에서 분산정책 하에 건설된 신도시(new town) 및 확장도시(expanding city)의 역할에 대한 비판이 제기되었다. 그때까지 영국정부는 강력한 산업의 입지규제와 유도를 수단으로 하는 지역정책과 뉴타운이나 확장도시로의 인구 및 고용의 계획적인 분산을 추구하는 도시정책을 통하여 대도시의 성장을 억제하였다. 이러한 정책의 변경을 요구하는 목소리는 대도시 정부에서도 제기되었다(Home, 1982: 41~42). 도심쇠퇴 문제에 대한 영국정부의 견해도 1974년부터는 결함 있는 세대나 개인이 가진 특수한 문제라는 인식에서 벗어나, 경제적 기반이 변화하고, 빈곤은 자원의 불균등 배분 그리고 자본주의 시스템 하에서의 자원을 둘러싼 경쟁의 결과라는 인식을 하기 시작하였다. 이런 맥락에서 중요한 의미를 갖는 1976년 피터 쇼어(Shore, P.)의 맨체스터 연설 내용을 보면, "신도시와 지역정책은 구도시로부터 사람과 일자리를 빨아내는 것이며, 하워드, 애버크롬비, 바로우, 라이드의 분산철학은 잘못된 것"이라고 비판하였다. 그는 분산정책을 도심쇠퇴의 주 요인으로 지목하면서 그 정책은 재고되어야 한다고 주장하였다.

그래서 영국 환경・교통・지역성(DoE)은 1972년부터 착수한 대도시 도심지역에 대한 조사를 근거로 1977년 6월에 내부시가지에 관한 정부백서 「Policy for the Inner City」를 발표함으로써 대도시 정책의 전환을 표명하였다(Willams, 1983: 18~20; 成田孝三, 1987: 76~77). 이로써 도심쇠퇴 문제가 제기된 이후 본격적인 정책반영이 이루어졌다.

한편, 미국은 1960년대에 들어서 도심(downtown)의 쇠퇴가 문제시되고, 1970년대 후반부터는 'inner city'라는 용어를 사용하기 시작하여 쇠퇴지역 문제가 본격적으로 논의되기 시작하였다. 그러나 논의의 중심 테마는 '중심도시(central city)'의 쇠퇴문제였다. 특히, 1970년대 뉴욕은 인구와 고용이 감소하고 공장, 상점, 사무실도 감소하는 경향과 함께 도시문제와 사회문제의 악화에 직면하였다(高橋勇悅, 1992: 14~17). 그래서 중심도시를 번영하는 지구와 쇠퇴가 심각한 지구로 구분하고, 중심도시의 문제를 도시 전체의 문제와 구분해서 논의하였다. 1978년 미 대통령 도시정책보고서의 설명문서 「New Partnership」에서 도시문제는 대량실업을 초래하는 고용 감소, 빈곤자와 생활보호자들이 남게 되는 인구의 편향적 감소, 물리적 쇠퇴, 인종차별과 격리에 의한 소수인종 집중이라는 네 가지로 집약하여 지적하고 있다.

1980년대에 들어서 대도시의 성장과 쇠퇴가 선진공업국의 공통적인 정책과제가 되자 OECD는 '도시문제특별그룹'을 창설해서 보고서를 발간하였다.

이 보고서에서 도심쇠퇴 문제의 전형은 영국과 미국에서 나타나는 도시화단계 속의 중심부로부터의 절대적 분산단계와 대도시권의 쇠퇴단계에서 보인다고 하였다. 이 보고서는 대도시권의 도심지역의 쇠퇴는 경제의 국제화에 따라 투자가 선진국 대도시에서 발전도상국 대도시로 이전하면서 경쟁력이 약한 선진국 대도시가 쇠퇴하는 것이라는 입장을 보이고 있다(OECD, 1983).

일본에서는 1965년 이후 도심부뿐만 아니라 주변 고밀도 시가지에서 인구가 현저히 감소하는 현상이 나타났다. 예를 들면, 도쿄에서는 2차대전 후 인구가 절정에 이르렀던 시기에 비해 도심지역에서는 50% 이하, 도심 주변에서는 50~70%로 인구가 감소하였다. 그러나 도심쇠퇴 문제에 대하여 경제성장률이 저하되긴 했으나 쇠퇴라고 인정할 수는 없다는 것, 사회적 불이익이 집적되고 있다고 할 수 없다는 것, 소수인종 문제가 거의 없다는 것 등의 측면에서 서구와 같은 쇠퇴문제와는 양상이 다르다. 일본에서는 전통적 지역사회의 붕괴, 지역생활환경의 악화, 사회간접자본 재고(stock)의 유휴화 등 세 가지 점에서 도심쇠퇴 문제를 인식하고 있다(中林一樹, 1983; 成田孝三, 1987; Hirohara, 1988).

이와 같이 도심쇠퇴 문제의 발생은 각 국가가 지니고 있는 역사적 배경과 상황에 따라서 다양하게 제시되고 있으며, 상호 복합적으로 작용하기도 한다(이상대, 1996: 24~26).

2. 도심쇠퇴 현상에 관한 접근

가. 도심쇠퇴의 양상

1) 도심쇠퇴 문제의 정의

도심쇠퇴 문제에 대한 정의는 각각의 연구자가 가진 관심이나 접근방법, 그리고 접근대상인 도시가 지닌 특수성에 따라 다양하지만 기본적인 문제인식은 유사하다.

영국의 내부시가지 정책백서 「Policy for the Inner City」에서 "도심쇠퇴 문제는 중심도시 또는 도심 주변지구에 있어서 경제적 쇠퇴, 물리적 쇠퇴, 사회적 제 조건의 악화, 소수인종의 집적 등의 현상이 나타나는 것"이라고 정의하고 있다(DoE, 1977d).

또 미국 연방상원의 「환경의 질에 관한 위원회」는 "도심쇠퇴는 도시지역의 타 부분과 구별되는 경계를 가지지는 않지만, 일반적으로 중심부에 인접하거나 중심부를 둘러싸고 있는 쇠퇴한 오래된 지구를 포함하고 있다. 도심지역은 그 상세한 경계가 어떻든 열악한 환경에 의해 인식된다"라고 하고 있다.

또한 일본의 고베도시문제연구소는 인구 및 고용이 감소함에 따라 도시생활을 저해하는 도시문제가 발생한다고 하였다. 도심쇠퇴 문제란 "대도시 중심 주변부에 있어서 인구와 기업이 유출함에 따라 지역사회의 황폐, 쇠퇴에 의해 초래된 경제·사회 공간구조상의 마이너스현상과 집적지역에 있어서의 문제"라고 정의하고 있다(神戸都市問題硏究所, 1981: 3). 이와 같이 인구, 고용만을 볼 경우에도 이것을 도심쇠퇴 문제라고 할 수 있을 것이다(高橋勇悅, 1992: 20).

OECD(1983)의 「OECD 제국의 도시재생 정책」 보고서에서는 도심쇠퇴 문제를 특별히 규정하지 않고 '공간적 집중'이라는 표현으로 파악하고 있다. 그래서 "도심쇠퇴란 대도시에 있어서 높은 수준의 실업과 빈곤, 주택의 악화, 도시 기반시설의 노후화 등 사회적, 경제적, 환경적 제 문제의 공간적 집중"이라고 정의하였다.2)

그런데 도심쇠퇴 문제는 미국에서 논의되어온 "중심도시(central city)의 문제"와는 성격이 다르다. 중심도시의 문제는 시 전체가 관련된 재정문제나 혼잡문제와 도심지역에 집중되는 쇠퇴문제를 모두 포함하는 개념이다.

이와 같은 정의들을 종합하면, 도심쇠퇴 문제는 "도시 내 특정지역에서 인구

2) OECD(1983)는 도시쇠퇴에 대해 3가지의 접근이 가능하다고 본다. 첫째, 범죄, 사회적 격리, 환경공해, 기반시설의 노후화 등의 문제에 초점을 맞춘 사회, 경제, 물리적 문제 측면, 둘째, 1인당 소득을 지표로 하는 복지의 분포도 측면, 셋째, 인구, 고용이 감소하고 있는 지역으로 정의하는 것 등이다. 국회사무처입법조사국. (1987). 「OECD 제국의 도시재생 정책」. 67.

및 고용의 감소와 함께 물리적 환경이 악화되고, 사회적 제 조건들이 빈곤화되는 현상이 집중적으로 나타나 심각한 도시문제를 야기하고 있는 것"이다. 그러나 단순히 상주인구와 고용이 감소한다고 해서 도심쇠퇴 문제가 있는 것으로 볼 수는 없다. 이는 주거지가 상업업무지로 탈바꿈한다든지 공장이 공공시설 용지로 용도 전환되어 인구나 고용이 감소한다고 해서 도심쇠퇴라 할 수는 없기 때문이다. 그러므로 도심의 활력이 저하되고, 물리적 노후화와 황폐화가 진행되며, 사회계층적으로 악화되는 등의 문제가 복합적으로 일어날 때 일반적인 의미의 '도심쇠퇴 문제'가 있다고 할 수 있다(이상대, 1996: 26~27).

2) 도심쇠퇴의 양상

도심지역에서 나타나는 문제의 양상은 나라마다, 도시마다 역사적 배경과 처한 상황에 따라 다르다.

도심재생 정책을 본격적으로 제기한 영국의 「내부시가지 정책백서(1977)」는 도심쇠퇴의 양상을 경제적 쇠퇴, 물리적 노후화, 사회적 빈곤과 집중, 소수인종의 집중으로 요약하고 있다(DoE, 1977d: 2~5). 이러한 양상은 미국에 있어서도 거의 마찬가지다(高橋勇悅, 1992: 16). 그러나 일본의 경우에는 도심쇠퇴가 야간인구의 감소와 고용 및 산업 공동화의 진행, 영세산업과 노후주택의 집중이라는 양상으로 나타나고 있다(大阪市立大學經濟研究所, 1981: 3~28).

도심쇠퇴의 양상에서 가장 먼저 들 수 있는 것은 상주인구의 감소이다. 도심지역에서의 상주인구 감소는 영국의 내부시가지 연구, 미국의 중심도시문제 연구, 그리고 일본의 대도시 중심시가지 연구에서 모두 확인되고 있다. 런던의 람베쓰, 리버풀의 도심지역, 기타 도시들의 도심지역에서의 인구 감소(DoE, 1977a; DoE, 1977b; Lawless, 1981: 26~30; Davies, 1981: 2; Robson, 1988: 17~23), 일본의 도쿄, 오사카, 나고야, 고베 등 대도시권의 중심시가지에서의 상주인구 감소현상은 상당히 심각한 지경에 이르고 있다. 이와 같은 상주인구의 감소 외에도 큰 의미가 있는 것이 감소인구의 계층적 편중이다. 교외나 외부시가지로 이동하는 사람들은 대부분

숙련노동자나 전문직 및 관리직 계층이 주류를 이루며, 남아있는 사람들은 나이가 많고 가난한 사람들이다(Davies, 1981: 2). 그러나 앞에서 설명하였듯이 상주인구의 감소만으로는 도심이 쇠퇴하고 있다고 볼 수는 없다.

둘째, 경제적 쇠퇴현상이다. 영국 대도시들의 도심지역에서는 숙련노동자나 관리직 종사자들이 타 지역으로 이동함으로써 비숙련, 반숙련 노동자 비율이 높아지고, 전통산업이나 구서비스업들에서 일자리가 감소하며, 교외나 외부도시지역 등 더 나은 곳으로 기업이 이전하였다. 반면, 일자리 감소를 만회할 수 있는 신종 제조업부문에서의 투자가 부족하고, 또 육체노동자들의 고용효과가 별로 없는 신종 서비스업이나 사무소에서의 일자리 증가 등이 나타나고 있다(DoE, 1977a; 1977b; 1977d. Davies, 1981: 2). 일본의 도쿄, 오사카, 나고야 등 대도시의 경우에도 중심시가지에서 상주취업자 및 일자리 종사자의 감소와 동시에 직장과 주거의 분리가 확대되고, 상주 주민들에게 맞는 일자리가 감소하는 반면 맞지 않는 직종은 증가하는 현상이 나타났다(成田孝三, 1987: 94~99). 이와 더불어 대규모 공장이 이전하거나 감소하는 동시에 영세공장이 집중하는 경향이 나타났다(高橋勇悅, 1992: 24~25).

셋째, 주택의 노후화는 최대의 특징이다. 재개발과 슬럼지역 주택의 철거가 많이 시행됐었음에도 불구하고 이들 지역을 벗어나면 기본적인 설비가 결여된 열악한 주택이 남아있는 경우가 많다. 때로는 철거 및 재개발 과정에서 건축이 지체되어 오히려 인구를 감소시킨 경우도 있다. 영국의 경우, 도심지역에는 공유지를 중심으로 하는 광대한 공한지와 방치된 부지·건물 등을 비롯한 이용되지 않는 토지와 건물이 잔존하여, 사업가, 시민 혹은 투자가들의 관심을 끌지 못하고 있다(DoE, 1977d; Lawless, 1981: 36~41). 도심지역 주택의 특징은 지은 지 오래된 건물이 대부분이며, 여기에 살던 중산층들이 떠난 후 대규모 주택은 다세대용 주택으로 분할된다. 그 결과 주택의 기능은 저하되고, 유지와 보수가 잘 되지 않으며, 구조상의 결함을 가지고 있고, 교외지구의 3~4배의 인구밀도를 가지며, 오픈스페이스가 없고, 낮은 질의 주거환경과 더불어 중소영세공장들이 혼재하는 경우가 많아서 주공

(住工)혼재지역을 형성하는 경우도 많다(成田孝三, 1987: 80~81). 물리적 환경 측면의 노후화에 있어서 주택의 노후화 못지않게 심각한 것은 도시 기반시설과 도시서비스시설의 불충분한 공급 및 노후화 문제이다.

넷째, 사회적 불이익의 집중이다. 영국의 경우 도심지역은 실업률이 높고 임금 수준이 낮은 빈곤층이 밀집하고 있다. 또 도심과 그 주변은 사회생활에 적응할 능력이 약한 사람들(주거부정자, 알코올중독자, 마약중독자 등)이 많이 살고 있고, 동시에 교육에 대한 관심도 낮아서 자녀 중에는 문자해독능력과 계산능력을 갖춘 정규학업 졸업자가 적다. 이 경우 커뮤니티 의식의 약화, 근린시설의 수준저하, 범죄나 폭력의 빈발 등을 통해서 지역전체에 만연하는 쇠퇴감과 무관심으로부터 집단적 빈곤화(collective deprivation)가 발생하였다. 일본의 경우에도 중심시가지의 거주자는 생산직 등의 블루칼라 비중이 높고, 노인인구의 비율이 높으며, 소득수준도 낮은 편이다(成田孝三, 1987: 99~104; 高橋勇悅, 1992: 25~26).

마지막으로 영국이나 미국 등 구미 선진국의 몇몇 대도시에서 나타나는 소수인종의 집중이다. 도심지역에 소수민족의 커뮤니티가 형성되어 도심쇠퇴 문제와 인종문제가 동일선상의 문제가 되고 있다(DoE, 1977d; Schwartz, 1981: 2~5; 成田孝三, 1987: 80~82). 한편 일본의 경우 중심시가지의 소수인종 집중은 없으나, 근로자나 불법 입국한 외국인들이 도심주변지역의 중심시가지에 집중하는 경향이 나타나고 있다(高橋勇悅, 1992: 26).

이러한 다양한 양상들은 각 도시들의 역사적 배경이나 도시정책 그리고 도시경제상태를 반영하는 것이다(이상대, 1996: 28~31).

우리나라의 경우, 서울시 도심지역을 사례로 한 이상대(1996)의 연구에 따르면, 서울시 도심지역의 문제는 물리적 노후화로 인한 시가지환경의 악화문제가 가장 핵심이고, 그 다음으로는 상주인구 감소에 따른 활력 저하와 주거기능과 상업 업무기능의 용도 간 상충문제 그리고 약하게나마 하위 거주계층의 집중문제가 있는 것으로 나타났다. 특히, 최근에 들어와서 서울시의 인구성장이 정체된 가운데 도심지역에서 외부로의 인구이동 현상이 뚜렷하게 나타나고 있다.

나. 도심쇠퇴의 구조

도심은 상업, 업무, 문화・오락・교육, 거주・생활, 교통・물류, 어메니티(amenity) 등과 관련한 도시기능이 집적해 있고, 오랜 역사 속에서 문화・전통을 이어온 「도시의 얼굴」로서의 성격을 가진 지역이다.

그러나 최근 사회・경제 환경의 변화, 예를 들면 도심지역이 본래 가지고 있는 공간적인 제약 등에서부터 자동차 사회의 진전과 거주자의 상업・오락기능에 대한 요청의 고도화에 대응하는 과정에서 발생하는 상업의 경쟁환경 변화에로의 대처가 늦어져서 〈그림 2-2〉에 나타나는 내용과 같은 형태로 도심공동화가 진행되고 있다(地方自治硏究機構, 1998).

〈그림 2-2〉 도심쇠퇴의 메커니즘

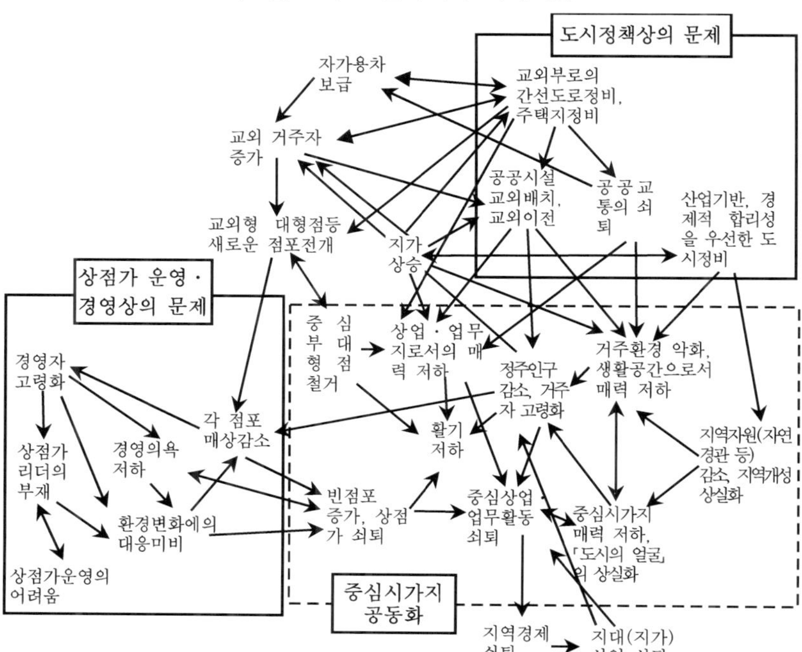

자료: 地方自治硏究機構. (1998). 「地方都市の中心市街地再生方策に關する調査硏究」에서 재구성.

이처럼 도심공동화는 과거 도시정비의 과정에서 생기는 도시정책상의 요인, 경제활동상의 문제로부터 발생하는 경영상의 요인 등을 들 수 있다.

1) 도시정책상의 요인

도심의 쇠퇴를 유발하는 중요한 요소 중 하나는 기존의 도시정비의 과정으로부터 발생하는 정책상의 요인이다. 이는 다음의 두 가지로 나누어진다.

첫째, 자동차 사회로 진전됨에 따라 통과 교통을 배려한 도시구조로 인해서 기존상가가 분리되고, 대중교통의 쇠퇴에 따른 역전(驛前) 입지의 편리성이 저하되며, 주차장의 부족과 자동차를 통한 접근이 불편하며, 도로가 좁아서 발생하는 교통 안전상의 문제가 발생한다. 또한 상대적인 고지가에 의한 오피스·점포의 비싼 임대료와 상점 용도의 이용전환 제약 등의 변화로 인해 도심지역의 입지조건상 약점이 표면화되어, 교외형 대형점의 우위성이 높아지고 있는 것이다.

둘째, 도시계획이 교외까지 확대됨에 따라서 교외에서의 간선도로 정비나 계획적으로 정비된 우량주택의 공급이 확대된다. 그리고 공공교통 체계의 저하, 공적 집객시설의 교외 이전과 분산(도시기능의 분산화)에 따른 거리요인의 감소, 중심시가지 지역의 역사적 건축물 등 자원의 적절한 이용이 이루어지지 않고, 도시의 특성이 드러나지 않게 됨으로써 도시이미지가 약화되는 것이다. 도심지역 거주자가 교외지역으로 이동함에 따라 도심의 거주인구가 감소하며, 고령자가 많은 도시가 되어 전반적인 활력이 저하되고, 현지에서의 구매력이 감소한다. 또한 높은 지가가 인해 신규 주택의 취득이 어려워 젊은 사람이 입주하지 않는 등 도심은 도시 안에서 특별한 의미를 갖지 못하는 지역으로 인식되는 것이다. 이 결과, 도심지역의 어메니티(amenity)가 현저하게 저하되고 있다.

2) 경제활동상의 요인

상가 전체와 개별 상점이 안고 있는 경영상의 문제점이 도심의 쇠퇴를 촉진하고 있다. 첫째, 이들이 외부적인 경쟁환경의 변화에 제대로 대처하지 못한다는 점이다. 특히, 경쟁대상이 중심 상점가와 교외형 대규모 점포로 바뀌면서 도시정비를 통해 교외지역의 입지조건이 개선되어 광대한 주차장을 가진 대규모 상점이 영업을 하게 된 점, 지방도시 도심지역의 입지상 우위성이 저하된 결과 입지 주도형의 존립 기반이 고객 유인력을 중심으로 한 접근으로 전환된 점, 도심이 지역의 문화를 담당해 온 핵심점포가 없어지거나 활력을 상실한 점, 소비자의 지지를 얻기 위해 거주자 우선의 새로운 업종 개발이 진행되어 오락이나 할인 등 특정한 메리트를 특징으로 하는 업종이 병존하는 등 소매업이 다양화되고 있다는 점 등의 변화에 지역 상업자의 대처가 늦은 것이다. 이 결과 상가의 유인력이 크게 저하되고 있다.

둘째, 공급 측면에서 소비자의 선택기회가 확대된 것이다. 소비자의 요구가 크게 변화하고 구매 행동의 목적이 다양해진 점, 가격결정에 메이커가 지배하며 저개발 국가로부터의 저렴한 상품이 유입되는 등 상품 정보의 확대로 소비자 요구가 고도화되고 시장과 가격구조에 대한 불신감이 증폭되고 있는 점, 변화가 없는 현지 상점에 대한 불만이 높아지고 있는 점, 이동성이 높아지고 광범위한 지역으로의 이동이 일반화됨에 따라 현지 상가에 대한 조건이나 현지에서의 의식이 희박해지고 있는 점 등의 변화로 인해 도심지역에 방문하는 쇼핑객이 감소하고 있다.

셋째, 내부적인 경쟁환경도 크게 변화하고 있는 가운데 경쟁환경에 대응이 늦어 상업종사자의 주체적인 독자성을 확보하려는 노력이 부족하다. 즉, 상품의 교체 진열 빈도가 낮아지고, 고령자용 상품이 주요 상품이 되거나, 신상품이 적어 각 점포의 유인력이 저하되고 있는 점, 경영자의 고령화가 진행되는 가운데 경영 의욕이 저하되어 후계자가 없는 점, 매상 감소(성장의 저하)로 인해 경영의욕이나 투자의욕이 감퇴되고 있는 점, 자산보전적인 경영마인드로 적극성이 매우 부족하고, 동시에 위험을 줄이고자 하는 경영태도, 과거 전성기의 기억이 장래를 향한 새로운 투자에 대한 신중함을 증대시키는 등의 변화로부터 중심 상가로서의 개성이나 특징이 결여되고 있다.

넷째, 각 상점 경영자가 상업을 계속할 것인가에 대한 의욕이 저하된 것이 원인이 되어, 상가 전체가 밀도가 높은 콤팩트한 상가 형성이 이루어지고 있지 않고, 유인력의 중심이 되는 중심 상가가 부족하다. 또한 빈 점포나 공터가 나타나고 있고, 윤택함과 즐거움이 결여된 점, 상가 활성화를 위한 상점들의 도전에 대한 지원이 부족한 점, 상가 활성화를 지휘할 리더와 이를 지지할 지원세력이 부족한 점 등의 여러 가지 문제가 표면화되어 보행과 오락면에서 유인력이 감소되고 있다.

이상과 같은 요인이 상호영향을 줌으로써 도심공동화가 진행되어 도심지역의 상업·업무활동의 쇠퇴, 지역경제 활동의 쇠퇴로 연결되고 있다. 그리고 이러한 쇠퇴 과정이 진행되면서 지역 상업자의 경영의욕이 한층 저하되어, 그 영향이 지역에의 영향으로 확대되어 가고 있다(地方自治研究機構, 1998).

3. 도심쇠퇴에 관한 이론적 검토

도심쇠퇴 과정을 설명해 주는 이론으로는 도시의 발전단계와 연관시켜 설명하는 도시발전단계설, 경제학적 측면에서 설명하는 생산주기단계설, 일종의 거시경제모델의 하나인 하향나선형 모델에 의한 설명 등이 있다.

1) 도시발전단계론의 교외화에 의한 설명

도시발전단계설로 가장 널리 알려져 있는 크라센과 패링크(Klaseen & Paelinck, 1979)는 도시발전단계를 크게 성장기와 쇠퇴기로 구분한다. 성장기는 집중경향이 강한 도시화의 과정과 분산경향이 지배적인 교외화 과정으로 나타나는데 이때 도심지역과 교외지역을 합한 도시권 전체의 인구는 계속 증가한다. 그러나 쇠퇴기에는 역도시화가 나타나게 되는데 이 단계에서는 도시권 전체로 보아 인구가 감소한다. 이중에 절대적 분산 과정은 도심인구의 감소에 그치나 상대적 분산기에는 도심인구의 감소와 더불어 교외인구까지 감소한다(조정제·김영표, 1989: 2~3).

베르그(Berg et al, 1982)는 도시발전단계를 도시화, 교외화, 탈도시화, 재도시화로 구분하고, 인구성장률에 따라 변화되는 도심지역과 교외지역 간의 관계에 의해 설명하는 모형을 제시하고 있다(〈표 2-2〉 참조).

〈표 2-1〉 클라센과 패링크의 도시발전단계

구 분	성 장 기				쇠 퇴 기	
	도 시 화		교 외 화		역 도 시 화	
	절대적 집 중	상대적 집 중	상대적 분 산	절대적 분 산	절대적 분 산	상대적 분 산
(단 계)	(1)	(2)	(3)	(4)	(5)	(6)
중심인구	+	++	+	−	−	−
교외인구	−	+	++	+	+	−
전체 인구	+	++	+	+	−	−

(주) +는 증가, ++는 대폭 증가, −는 감소, −−는 대폭 감소를 나타냄.
자료: Klassen & Paelinck. (1979). *The Future of Large Towns, Environmental and Planning A*. 1979. 11: 1095~1104.; 도시정책과학연구회 역. (1989). 「도시경제학」. 서울: 대명출판사. 49.

〈표 2-2〉 베르그의 도시발전단계

발전단계		인구변화의 성격: 도심지역	주변지역	도 시 권	
도 시 화	절대적 집중	++	−	+	전체 성장 (집중)
	상대적 집중	++	+	+++	
교 외 화	상대적 분산	+	++	+++	
	절대적 분산	−	++	+	
반도시화	절대적 분산	−−	+	−	전체 쇠퇴 (분산)
	상대적 분산	−−	−	−−−	
재도시화	상대적 집중	−	−−	−−−	
	절대적 집중	+	−−	−	

자료: Berg, Leo Van den, Drewett, R. D., Klassen, L. H., Rossi A & Vijverbberg C. H. T. (1982). *Urban Europe: A Study of Growth and Decline*, Oxford: Pergamon Press. 36.

이중에서 도시화와 교외화 단계는 도시인구의 전체 성장(집중) 과정이고, 탈도시화와 재도시화 단계는 전체 쇠퇴(분산) 과정으로 보고 있다. 또한 도시를 도심지역, 주변지역, 도시권으로 구분하여 각각의 지역에서 인구의 자연증가율과 이동에 따라 나타나는 인구변화의 성격을 절대적 집중, 절대적 분산, 상대적 집중, 상대적 분산의 4가지 유형으로 분류하여 설명하고 있다(김형진, 2003). 이 중 교외화 단계는 도심에서 교외로의 인구이동률이 자연증가율을 능가하게 되고, 이로 인해 도심의 인구는 감소하고 교외의 인구가 증가하게 되어 절대적 분산 단계에 진입하는 단계이다(Berg et al, 1982: 36; Lever, 1993: 267~284).

베르그(Berg et al, 1987)는 도시를 도심(Core, 즉 CBD와 inner area)과 주변(Ring, 즉 outer area와 suburban)으로 구분하고, 각 도시성장단계마다 이들 지역의 인구성장과 쇠퇴모델을 제시하였다. 이러한 모델을 가지고 기존의 도시들을 대상으로 분석한 시도들이 많이 있었다.[3)]

도시발전단계설에서 설명하는 도심쇠퇴 문제는 교외화 단계에서의 내부시가지 문제를 설명하는 싱클레어(Sinclair, 1983)의 제로섬(Zero Sum) 상황과도 같다. 싱클레어는 탈공업화, 서비스화, 저성장 상태인 시장지향적 서방선진국의 공통적인 '제로섬게임'의 결과로서 도심지역 쇠퇴문제를 경험했다고 지적하면서 인구이동에 따른 외부시가지의 발전과 내부시가지 발전을 대비시키고 있다. 인구이동이 빈번하고 탈공업화 경제로 이행하는 가운데 교외나 주변지역의 인구는 증가하는 반면에 기존의 도심지역은 인구감소를 겪는 제로섬 상황을 만들어 결국에는 도심지역이 쇠퇴의 길을 걷게 된다는 설명이다. 또한 제임스 밴스(James E. Vance, JR. 1971)는 도심이 7단계를 주기를 거치게 되는데 제5단계와 제6단계가 바로 쇠퇴단계와 회복단계에 해당한다고 보았다.[4)]

---

3) 클라센(Klaassen, 1979)은 유럽 12개국 인구 20만 이상의 도시를 대상으로 국제 비교한 바 있으며, 챔피온(Champion, 1986)은 1971년에서 1981년 동안 영국 도시를 대상으로 연구대상이 된 모든 도시가 8단계를 제외한 1~7단계에 분포하였으며, 대부분의 도시는 교외화단계에 있는 것으로 나타났다. 미야오 다카히로는 1965년에서 1975년 사이에 일본 도시 인구변화에 이 모델을 적용한 결과 도쿄와 오사카는 교외화 후기의 절대적 분산이 진행되고 있으나, 그 외의 주요 도시들에서는 교외화 전기인 상대적 분산단계에 속한다고 하였다. 한편 조정제와 김영표는 1989년에 우리나라 도시를 대상으로 연구하였다.

4) 도심의 7가지 주기는 도심형성의 시초단계(the process of inception), 기능추출의 단계(the process of exclusion), 응리(凝離)의 단계(the process of

2) 생산주기이론에 의한 설명

생산주기이론(product-cycle theory)은 도심쇠퇴 원인을 설명할 수 있는 기초를 제공해 준다. 생산주기이론에서는 각각의 산업생산이 지역적으로 연결된 4단계의 생애주기(life-cycle)로 혁신단계, 성장 혹은 확장단계, 성숙단계, 침체 또는 쇠퇴단계를 경험한다고 본다. 산업생산이 혁신단계와 성장단계를 넘어서 성숙단계와 침체단계에 들어서면 제품생산의 표준화와 투자의 확실성이 높은 입지를 찾는 기업들에 의해 생산품이 장소에 관계없이 어느 곳에서나 생산이 가능해 진다. 또한 기업은 경쟁에 직면하게 됨에 따라 제품을 변경하거나 혁신으로 생산공정을 변화시키거나 아니면 지방생산 또는 생산 전체를 포기할 수밖에 없는 단계에 이르게 된다.

생산주기이론에서 핵심이 되는 요소로는 상품생산에서의 내적인 변화(표준화의 증가), 타 도시 또는 국가와의 생산경쟁으로 인한 외부수요의 변화(저노동비용), 경제여건에 적응하는 혁신의 결여 등이 포함된다. 생산공정의 혁신은 생산성을 향상시키고 타 지역과의 생산공정을 중복시키거나 타 지역으로 이전을 촉진시킨다. 도시의 주요 산업생산은 생산주기의 후기 단계에 있다는 것이 기본적인 전제이기 때문에 생산은 표준화되고, 생산비용은 낮은 도시나 국가에서 이루어진다. 이는 마루쿠젠(Markusen, 1985)이 수익주기이론(profit-cycle theory)에서 지적한 바와 같이 타 도시 또는 국가에서의 생산이 원래의 입지에 비해서 수익성이 높기 때문이다. 따라서 기존도시산업의 정체 또는 쇠퇴는 다른 산업에 영향을 미치기 때문에 도시 전체의 고용을 떨어뜨리는 결과를 가져오게 된다.

공장이나 회사가 문을 닫고 나면 실업이 생기고 실업인구에 대한 공공지원부담이 늘어나는 반면에 세수가 줄어들어 세입이 감소하게 된다. 세입이 감소하게 되면 도시는 투자재원이 부족하여 공공사회기반시설(학교, 도서관,

---

segregation), 도심복제와 기능재조정 단계(the process of replication and readjustment), 재개발단계(the process of redevelopment), 최종 과정 · 다중심지단계(in the end, a city of realms)를 말한다.

수영장 등)과 기반투자시설(극장, 박물관 등)에 부정적인 영향을 미치게 된다. 실업률이 높아지면 민간소비율이 떨어지고, 서비스 및 판매율이 감소되어 결과적으로 도시재정에서의 세입을 감소시키게 된다. 이는 도시이미지에 부정적인 영향을 주고 기업환경을 악화시켜 도시의 경제적 쇠퇴를 촉진시키게 된다는 것이다(Friedrichs, 1993: 908~910).

3) 하향나선형(下向螺旋形) 모델에 의한 설명

리차드슨(Richardson, 1978: 59~62)은 도시쇠퇴를 일종의 거시경제모델의 하나인 "하향나선형(downward spiral)"모형으로 설명하고 있다. 도시의 경제적 쇠퇴는 노동수요를 감소시키고, 세수를 감소시킴으로서 선별적인 기업과 산업의 유출을 가져온다는 것이다. 즉, 노동수요가 공급을 밑돌고 세입이 공공지출을 밑돌게 되는 상태를 말하는 것이다. 따라서 산업을 끌어들이는 대규모 공공보조가 없이는 다시 균형을 찾기가 어렵다고 보고 있다.

이와 같은 가설은 경제, 재정, 정치적인 요인을 고려하고 있고, 특히 인구변화와 깊은 관련이 있는데 이를 세 단계로 설명하고 있다. 1단계는 도시성장의 초기단계로서 노동력이 유입되는 단계를 말한다. 이 같은 조건은 러스트(Rust, 1975: 173~195)가 제시한 "제로성장모델(zero-growth model)"의 출발점이기도 하다. 개인 또는 가족들은 직업을 구하기 위하여 도시로 가며, 산업의 성장에 의해 취업기회를 얻는다. 2단계는 1단계를 거쳐 약 20년 후에 경제가 하향곡선으로 접어드는 시기를 말한다. 도시로 유입해 오는 인구는 적지만 초기 유입인구가 낳은 자녀들로 인해 전체 인구수는 늘어나게 되는데 이를 "shadowboom"이라고 부른다. 3단계는 노동시장의 불균형단계로 이때 기존인구와 유입인구 2세들을 위한 도시의 일자리가 늘어나지 않는다면 노동시장은 불균형을 이루게 된다. 러스트(Rust, 1975)는 젊고 훈련받은 노동력은 이동성이 높지만, 45세 이상과 미숙련 노동력은 도시에 남게 된다는 것이다. 이러한 선별적인 이동(selective migration)은 도시 중심부의 빈곤과 범죄 발생의 주요한 하나의 원인이 된다. 즉, 제로성장과 쇠퇴의 문제는 결국 일자리의 공급과 수요의 불일치로 인한 노동시장의 구조적 결과로 나타난다는 것이다(Friedrichs, 1993: 910~911).

〈그림 2-3〉 도시쇠퇴모델

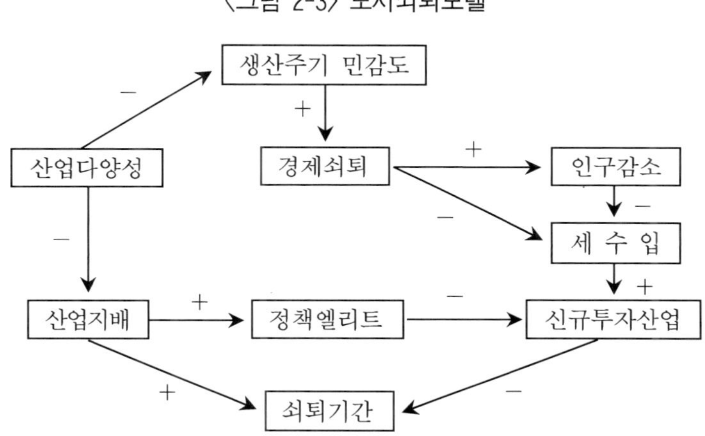

자료: Jürgen Friedrichs. (1993). A Theory of Urban Decline: Economy, Demogra phy and Political Elites. *Urban Studies*, 30(6): 914.

4) 도시쇠퇴이론의 평가

도시쇠퇴를 도시발전단계론에 의한 교외화 요인으로 보는 크라센과 패링크(Klaaseen & Paelinck, 1979), 베르그(Berg et al, 1987) 등의 연구는 유럽국가의 주요 도시들을 대상으로 하였다. 그리고 행정구역상 도시를 분석단위로 하면서 도시인구를 도심, 교외, 도시 전역으로 나누어 분석하였기 때문에 대도시의 기능적 영향권역의 변화를 고려하지 못한 약점이 있다. 이것은 행정구역을 기준으로 한 도시 전체의 인구는 감소할 수 있지만 도시와 밀접한 기능적 연관관계를 갖는 주변지역의 인구변화를 무시한 결과이다.

특히, 도시들이 확장하면서 인근 도시들과 통합되는 연담도시화 현상은 비록 대도시의 인구가 감소하더라도 도시기능은 주변지역을 흡수하면서 그 영향력 내지 상관성을 더욱 높여 나가는 경우가 많다. 따라서 교외화 이후 단계는 단순한 인구기준을 벗어나 대도시의 공간적 영향력 혹은 기능적 측면에서 고려할 때 도시쇠퇴단계라고 하기보다는 경우에 따라서는 오히려 확산단계라고도 해석할 수 있다(하성규・김재익, 2000: 186).

생산주기이론은 도시쇠퇴를 설명하는 데 몇 가지 한계를 가지고 있다. 첫째, 생산주기이론에서 사용하는 "생산(product)"이라는 용어는 다소 모호하다. 섬유와 같이 단순한 생산품 일 수도 있고, 자동차와 같이 복잡한 생산품일 수도 있지만, 이에 대한 명확한 설명은 없다. 마루쿠젠(Markusen, 1985)이 지적했듯이 생산주기이론은 "결과(output)"에 지나치게 중점을 두고 있기 때문에 주요 기업의 역할과 불완전한 경쟁으로 나타나는 "독과점(oligopolies)" 형성을 설명해 주지 못한다. 이러한 결점을 보완하기 위해서 마루쿠젠은 생산주기에 기본을 둔 "수익주기이론(theory of profit cycles)"를 개발하여 제시하고 있다(Friedrichs, 1993: 908~909).

도시변화모델은 초기성장, 나중쇠퇴의 과정을 강조한다. 도시변화모델의 가정은 경제학, 생태학과 다양한 경험적 분석에 의해 도출된 것이지만, 체계적인 검증이 요구된다. 그러나 이 모델은 제한적인 산업의 범위를 가진 도시에 적용하기는 어렵다. 산업 다양성과 쇠퇴와의 관계에서 산업의 다양성이 높으면 높을수록 쇠퇴기간과 정도는 낮다는 것을 밝혀냈는데 대표적인 곳이 뉴욕이다. 뉴욕은 70년대의 쇠퇴를 겪었음에도 불구하고 우세한 경제적 위치를 차지하고 오늘날까지 도시경제를 지속적으로 지탱해오고 있는 것은 바로 산업 다양성에서 그 원인을 찾아 볼 수가 있다(Friedrichs, 1993: 913~914).

제2절 도심재생에 관한 이론적 접근

도심재생의 개념 구성과 이론적 논거를 제시하기 위한 부분으로서 도심재생의 개념, 필요성, 유관개념의 고찰 등을 살펴봄으로써 도심지역의 향후 여건변화에 따라 대처해야 도심재생의 개념적 기조를 설정한다.

1. 도심재생의 개념과 필요성

가. 도심재생의 개념

1) 배경

영국이나 미국의 대도시를 중심으로 1950년대부터 시작된 대도시 교외지역에서의 도시확산은 1980년대에 이르러 신자유주의에 기초한 도시 재구조화(restructuring)의 영향으로 인하여 가속화되었다. 이에 따라 대도시 확산으로 인한 도시문제는 더욱 증폭되었고, 이는 다음과 같이 세 가지로 요약할 수 있다. 첫째, 원거리 통근 및 수송으로 인한 에너지 및 자원의 낭비,

교통 혼잡 및 공해 유발, 그리고 지역 정체성의 상실과 같은 교외지역 자체에서의 문제, 둘째, 소외와 범죄, 실업률 증가와 같은 도심지역에서의 사회문제, 그리고 도시활력의 저하와 그로 인한 도시의 경쟁력저하 문제, 셋째, 도시토지의 저밀 이용 및 자연자원의 훼손으로 인한 생태계 파괴문제 등을 들 수 있다. 그러나 1980년대 후반을 전후하여 구심력의 작용을 받아 나타나기 시작한 재도시화(reurbanization)의 기류를 타고 최근 들어 지속 가능한 개발의 관점에서 기성시가지 재생을 통해 도시의 부흥(urban renaissance)을 도모하기 위한 정책적 전환과 함께 여러 가지 실천적인 연구들이 활발히 진행되고 있다.[5)]

이러한 도심재생은 도시 내부의 성장과 발전을 위한 자생적 변화를 의미하는 것으로서, 20세기 중반 이후 도시확산(urban sprawl)으로 인한 폐해가 도시 전반에 심각한 영향을 미치게 됨에 따라 그 중요성이 점차 부각되어 왔다. 도시토지이용과 관련해 볼 때 신개발이 도시토지의 절대적인 확장을 의미하는 것이라면, 도심재생은 기존의 도시공간을 순화시키고 기능을 재편함으로써 도시토지를 능률적으로 이용하는 것이기 때문이다.

결국, 도심재생은 사회구조와 생활양식 등 생활환경의 연속성을 유지하면서 자연환경의 훼손을 최소화함으로써 미래 세대에의 배려를 유지할 수 있는 지속 가능한 도시개발 방식이라 할 수 있다. 그럼에도 불구하고 도심재생은 기존의 다양한 역사적, 사회적, 문화적 배경이 존재하고 있는 지역을 대상으로 할 뿐 아니라 이해관계가 복잡하게 얽혀 있는 다수의 개인이나 집단들이 개발 과정에 개입하게 된다는 점, 그리고 일반적으로 신개발에 비해 지

---

5) 예를 들면, 영국의 경우 지속 가능한 도시개발의 관점에서 디자인 주도형(design-led) 도심재생 방안을 연구하거나(Urban Task Force, 1999), 기성시가지에 보다 많은 주택을 공급하기 위한 실증적 연구(Llewelyn Davis, 1994; 1997)가 시도된 바 있으며, 미국의 경우 현재의 무질서한 시가지 확산형 도시개발에 대한 설계적 대안을 모색하고 있는 뉴어바니스트(New Urbanist)들을 중심으로 압축적 도시개발(compact development)과 기성시가지 재개발(redevelopment) 방안이 모색되고 있다(Duany and Plater-Zyberk, 1991; Calthorpe, 1993; Katz, 1994).

가가 높고 주변지역과의 연계성 확보가 용이하지 않다는 점 등의 특징으로 인해 개발 과정에서 보다 세심한 배려가 요구되는 개발양식이라고 할 수 있다(김영환, 2001: 153).

2) 도심재생의 개념

도심재생의 의미는 다의적으로 해석되고 있으며, 지역과 학자에 따라 전문적 견해를 달리 하고 있다. 그러나 도심재생의 개념은 크게 도시의 낙후된 지역을 물리적 환경의 개선에 초점을 맞춤과 동시에 저소득층이나 사회소외계층에 대한 재활과 같은 사회적 프로그램도 함께 포함하는 광의의 개념으로 해석한다. 또한 지역재개발의 형태적 개념으로 도심이라는 장소적 조건을 가진 건축 혹은 도시설계적 사업이라는 협의적 개념으로 이해된다. 피터 로버트(Peter Roberts, 2000: 17)는 도심재생을 "일정 도시지역에서 경제적, 물리적, 사회적, 환경적 조건이 변화하고 지속적으로 개선되어야 하는 여러 문제점을 해결하기 위한 총체적이고 종합적인 비전과 행동"이라고 정의하고 있다.

일반적으로 도심재생은 도심지역의 도시기능 재활성화로 해석된다. 도심재생의 대상이 되는 구도심이란 과거에 도시의 중심기능을 수행하던 지역이 사회 여건변화와 도시기능 이전 등에 의하여 물리적으로 쇠퇴하고, 기능적으로 중심기능을 상실하게 되어, 과거의 중심지역으로서의 매력과 흡인력을 상실하게 된 지역을 의미한다(이인재, 2003: 9).

즉, 도심재생(urban center regeneration)이란 "대도시지역의 외연적 확산을 억제하고, 도심쇠퇴 현상을 방지하며, 도심지역의 재활성화를 도모함으로써 궁극적으로는 경제성장과 환경보전이 조화를 이루는 지속 가능한 도시개발을 추진하고자 하는 것"이라고 정의할 수 있다. 이는 쇠퇴지역의 문제를 종합적인 시각에서 해결하려는 접근으로서, 해당지역의 경제적, 사회적, 환경적 상태를 지속적으로 개선함으로써 기존도심의 재활성화를 도모하고자 하는 것이다(김영환・최정우・오덕성, 2003: 89~90).

나. 도심재생의 필요성

도심과 그 지역을 대표하는 기존 상업기능을 하는 상점은 단순한 경제활동의 측면에서 뿐만 아니라, 다음과 같은 측면에서도 중요성을 갖고 있다고 볼 수 있다(地方自治硏究機構, 1998).

1) 도시교류 거점의 형성 측면

도심은 오랜 역사 속에서 지역의 문화와 전통을 쌓아 온 도시의 얼굴이다. 축제·이벤트, 상호교류 등을 통해 만남과 교류의 장소로서의 성격을 가지고 있다. 즉, 외부시가지에서 진행되고 있는 대규모 상업 집적은 기업의 집적이익을 반영할 뿐 입지 지역의 역사와 문화성을 반영하는 것은 아니다. 따라서 다른 지역과의 차별화된 경쟁력의 요소가 되어 타 지역으로부터 사람을 유인하는 효과는 없다. 지역의 역사와 문화는 지역의 개성을 살려 정체성을 형성함으로써 지역사람들에게 애향심을 촉진시키는 계기가 된다. 그리고 지역의 정체성은 동시에 광범위한 외부의 다른 지역으로부터 사람을 유인하는 요소도 된다. 도시 간 경쟁의 시대에 있어 지역특성을 살림으로써 우위성을 발휘하는 전략적 거점의 형성이 가능하게 되는 것이다.

2) 커뮤니티의 보존과 육성 측면

도심은 본래 복합적인 서비스 업무가 집적되어 이를 바탕으로 서비스를 제공할 수 있는 지역에 존재한다. 그러나 이 지역이 공동화됨으로써 지역에 거주하고 있는 사람들, 특히 약자에 속하는 고령자의 생활기반이 붕괴될 가능성이 있다.

기존 도심은 고령화되고 정체된 지역이라는 이미지가 형성될 뿐만 아니라 슬럼화되는 형태로 거주환경이 한층 악화될 우려가 있다. 이 점은 아직 국내에서는 표면화되고 있지 않지만, 해외 특히 미국에 있어서 다운타운의 슬럼화, 위험지대화의 경향이 현저한 사례를 통해 지적할 수 있다. 한번 슬럼화되어 주민이 빠져나간 도심을 재생하는 것이 매우 어려운 만큼, 도심활성화는 장래 일어날지도 모르는 이러한 문제 지역의 발생을 예방하기 위해서도 필요하다.

3) 도시산업의 활성화 측면

도심지역은 과거에 넓은 배후권을 가지고 많은 사람들에게 서비스를 제공함으로써 자본이 유입되어 온 지역이다. 따라서 현재 존재하는 과거에 투입된 자본을 무용지물로 할 수는 없다. 다만, 도심에 어울리는 지역의 조건으로서, 교통 인프라 등의 사회조건을 고려하여 도심이 달라질 가능성은 있다. 그러나 과거에 투자 자본을 무용지물로 만들지 않는 것만으로도 투자의 효율을 높일 수 있다.

또한 도심은 경제기능이 집중적으로 입지하여 교류인구를 흡인하는 공간으로서의 역할을 수행하는 등 신규 사업을 창출하는 모태로서의 기능을 가지고 있다. 그러나 교외형의 쇼핑센터에서는 복합적인 수요가 존재하지 않기 때문에 신규 사업이 생기기 어렵다. 오히려 점포 효율의 관점에서 볼 때, 세입자의 수준에서 현지 자영업자가 입점해서 신규의 사업기회를 발견하는 것이 곤란한 상황에 있다고 할 수 있다.

4) 도시구조의 재편성 측면

도시화라고 하는 불균형적인 성장보다는 미래에는 압축적인 도시로의 성장을 지향할 필요가 있으며, 생활장소, 교류장소로서의 압축도시(compact city)가 유리하다. 다만, 이런 경우에는 지금까지 양호한 생활환경 조성을 목표로 해 온 교외 거주의 기반을 만드는 것을 끝없이 진행되어 왔기 때문에 교외 거주지에 있어 생활상의 다양한 요구를 완결시킨다고 하는 당위적인 요청에 중점을 둔 사업을 어떻게 재검토할 것인가가 과제가 된다. 아울러 압축도시가 도심일 필연성이 있는가의 문제도 검토될 필요가 있다. 동시에 지구환경 문제 등에의 대처를 위한 실험장소로서의 역할을 완수할 필요가 있다. 이에 따라 공공교통체계 이용의 편리성이 높고 도시에 많은 사람이 집중해 살아감에 따라 콤팩트한 마을조성을 위한 에너지 절약이 중시되고 있다. 그 밖에도 도심의 장소적 특성을 살리고, 도시의 안전성과 쾌적성의 저하를 막기 위해 도시 내 교통문제에 대한 대응책을 마련하는 것도 중요하다. 그러나 최근에는 공공교통의 쇠퇴에 따라 쇼핑에 있어서의 자동차 이용이 많아졌다. 이 때문에 시가지 내의 통과 교통이 증가해, 교통 혼잡, 고밀도 이용에 수반하는 주차장의 부족·노상 주차가 증가하여 안전성에 문제가 생기고 있다.

이와 같이 도심은 단순한 과거의 유산이 아니고, 현재 지역이 안고 있는 문제점에 대처하기 위한 여러 가지 대응방안을 찾기 위한 중요한 자산이며, 시민의 공유자산으로서 여전히 도시에서 가장 중요한 위치를 차지하고 있다. 그러므로 지속적으로 도시 전체의 발전을 선도해야 한다. 특히, 정보화·지방화·세계화 등 사회·경제적 환경의 변화를 적극 반영하여 불가피하게 쇠퇴하는 도심기능을 대체할 수 있는 새로운 기능을 수용함으로써, 도심을 재생시켜 도시중심으로서의 활력을 유지하도록 하는 것이 필요하다.

2. 도심재생에 관한 접근

1) 지속 가능한 도시개발

도시개발 정책의 새로운 패러다임이 양적 접근에서 질적 접근으로, 문제해결 방식에서 구조개편 방식으로, 생산기반을 중시하는 경향에서 생활환경을 중시하는 경향으로 변화하면서 '지속 불가능한 도시'를 '지속 가능한 도시개발'로 재창조해야 된다는 논의가 제안되었다. 이러한 방향전환은 과학기술의 진보와 더불어 첨단산업의 발전과 환경문제 해결을 위한 기술의 비약적인 도약에 의하여 더욱 현실화될 수 있다. 정보화 사회의 진전은 거주환경과 도시

공간환경에의 높은 수준을 요구하게 될 것이다. 정보화시대에 더욱 강조되는 지적 생산성의 향상을 위해서는 그 근본이 되는 인간성이 존중되고 쾌적한 생활환경의 정비가 전제되어야 한다. '지속 가능한 개발'의 개념은 보편적으로 1987년 환경과 개발에 관한 세계 위원회(WCED)에서 정의한 '현 세대들이 미래 세대들의 생활에 필요한 기본욕구를 충족시킬 수 있는 능력을 희생시키지 않으면서 자신의 기본욕구를 충족시키는 개발'로 인식되고 있다. 지속 가능한 개발은 환경보호, 미래를 위한 배려, 삶의 질, 그리고 공평성이라는 네 가지 가치를 묶는 개념이므로 환경적, 개발적, 사회적, 경제적 관심을 통합하는 새로운 정책의제를 형성하고 있다. 이들을 종합해 보면 핵심을 이루는 공통적인 요소로서 환경의 가치(the value of environment), 미래지향성(futurity), 형평성(equity)의 세 가지 요소로 집약될 수 있다. 이를 구체적으로 도시정책 부분에 적용하여 추진하고 있는 것이 '지속 가능한 도시개발[6]'이라고 할 수 있다(대한국토・도시계획학회 편저, 2002: 41~42).

2) 성장관리 정책

성장관리 정책은 도시인구의 급속한 성장과 도시근교로의 확산에 의한 자연훼손 등 관리되지 못한 성장으로 인해 초래된 문제를 해결하려는 새로운 도시개발전략으로서, 개발에 따른 폐해의 방지와 함께 토지이용과 개발에 있어 그 속도와 위치, 규모 등을 적절히 조절하여 도시의 질과 주민복지를 향상시키고자 하는 소위 '관리된 성장'을 추구하고 있다. 이처럼 성장관리는 규제되

---

6) 지속 가능한 도시개발의 몇 가지 핵심적인 사항은 다음과 같다. ① 환경을 보호하는 것은 개발의 전제조건이며, 개발에 대한 장애는 아니다. 환경과 개발은 서로 대체적이거나 반대되는 것이 아니며 상호 의존적이다. ② 많은 인간적 활동은 환경의 물리적 수용능력(carrying capacity)에 의해서 제한을 받는다. ③ 인간의 복지는 물리적 차원 이상의 것을 가진다. 개발은 모든 차원의 복지를 추구하는 것이 되어야 하며, 다른 차원의 복지를 희생하면서 특정 차원의 복지를 추구해서는 안 된다. ④ 개발은 경제성장과 아주 다르다. 즉 개발 없이 경제성장이 가능하며, 경제성장이 없는 개발도 가능하다. ⑤ 개발을 측정하기 위해서는 경제성장 외의 광범위한 지표가 필요하다.

지 않은 토지시장에서 나타나는 불완전성을 상쇄하고자 하며, 성장관리 정책을 통하여 효율적인 도시형태를 추구하고자 한다(김영환 외, 2002: 403).

즉, '성장관리(growth management)'란 종합적인 계획에 기초하여 도시 내 일정 지역, 도시 전역 또는 광역적인 지역을 대상으로 관리되지 않은 성장을 배제하고 관리된 성장을 도모함으로써 균형된 성장과 생활의 질 향상을 실현하고자 하는 것이다. 일반적으로 성장관리 정책의 기본적 틀은 관련 계획과의 일관성(consistency), 개발과 기반시설 확충 간의 동시성(concurrency), 압축적이고 짜임새 있는 도시개발(compact urban development), 질적 향상과 지불능력을 고려한 주택정책(affordable housing), 역사 및 자연자원의 보전, 경제개발의 6가지로 압축되어 진다(DeGrove, 1992; 이양재 외, 1996). 이러한 성장관리는 기존시가지의 체계적인 정비와 신개발 지역의 계획적 개발을 어떻게 유도해 나가느냐가 관건이 되는데, 그중에서도 특히 도심부는 해당 도시의 경제·사회·문화적 중심지로서의 공간적·기능적 위상 측면에서 도시 전체에 미치는 영향이 지대하다고 할 수 있다. 즉, 성장관리의 핵심적 내용이 된다고 할 수 있다. 따라서 성장관리에서는 종래의 외부 확산적이며, 느슨한 도시개발에서 내부지향적이고 압축적인 도시개발로 전환하여 도심 토지를 고밀도로 이용함으로써 도시의 외형적 확산의 방지, 교통 혼잡으로 인한 오염발생의 억제, 상실된 도심기능의 회복, 공원·녹지 등 오픈 스페이스의 보호 등을 도모하고자 한다(Nelson & Ducan, 1995; APA, 2002).

3) 도시재생

도심재생은 공간적으로 도심지역에 한정하여 활성화를 목적으로 한 반면, 도시재생은 도시 전체 관리차원에서 도심지역의 활성화를 도모하고 있다. 즉, 도시재생은 대도시지역의 외부확산을 억제하고, 도심부 쇠퇴현상을 방지함으로써, 도심지역에서의 인구 및 산업의 회귀를 촉진하고 재활성화를 모색하기 위해 등장한 것이다. 이는 쇠퇴지역의 문제를 종합적인 시각에서 해결하려는 접근으로서, 해당지역의 경제적·사회적·환경적 상태를 지속적으로 개선함으로써 기성시가지의 재활성화를 도모하고자 하는 것이다. 그러나 이러한 접근방식은 물리적 환경의 개선에 주안점을 두고, 주택, 교육, 실업, 보건, 사회문제 등은 별도로 취급함으로써 물리적 환경의 개선효과가 지속되지 못한 채 도심문제는 상존하는 결과를 초래하게 되었다. 이에 따라 1980년대 후반에 등장한 도시재생은 기성시가지에 대한 종합적인 재생을 통해 도시부흥을 도모하고자 하는 것이다. 특히, 1990년대 이후에 추진되는 도시재생의 특징은 정책과 집행이 보다 종합적인 형태로 전환되고 통합된 처방이 강조되며, 성장관리 차원에서 전략적 관점이 재도입되어 지역차원의 활동 성장을 도모한다는 점, 그리고 지역사회(community)의 역할 강조와 함께 문화유산과 자원의 보전, 환경적 지속성 등 지속 가능한 개발의 개념이 도시재생 정책 및 계획 속에 반영되고 있다는 점을 들 수 있다(Roberts & Sykes, 2000).

이처럼 성장관리가 도시의 무계획적이고 무질서한 확산을 억제하기 위한 종합적인 노력의 하나로서, 주로 미국을 중심으로 하여 발전된 개념이라고 한다면, 도시재생은 기존시가지의 문제를 도시 내부에서 종합적인 방식을 통해 해결하고자 하는 것으로 주로 영국을 중심으로 발전된 개념이라고 할 수 있다. 그리고 이러한 개념들이 공통적으로 가지고 있는 기본적인 특성은 지속 가능한 개발이라고 할 수 있다.

한편 지속 가능한 개발은 공간적, 비공간적 속성을 포괄하는 보다 보편적인 의미로 사용되고 있는 반면, 성장관리는 지속 가능한 개발의 원리들 가운데 도시 및 그 주변지역의 토지이용과 관련된 문제에 초점을 두고 있고, 도시재생은 도심부 혹은 기성시가지라는 보다 제한된 공간적 범주와 영역을 주요 대상으로 한다는 점에서 차이가 있다(김영환 외, 2003: 88~89).

3. 외국 도심재생 정책의 경향

지금까지 도심재생은 각 도시가 처한 여건 및 환경에 따라 차이가 있었다. 주요 선진국들의 다양한 도심재생 정책을 통해 정책체계와 그 시행방법을 살펴보면, 각 국가마다 다른 특색이 있다는 것을 알 수 있다.

가. 영국의 도심재생 정책

1) 배경

1960년대부터 진행된 주요 대도시에서의 심각한 도시인구의 감소[7]와 그에 따른 도시쇠퇴 현상에 직면하게 된 영국 정부는 1980년대부터 경기침체에 따른 국가경제 재건을 위해 심도 있게 산업구조 조정을 단행하는 동시에 도시쇠퇴 문제에 대응하기 위하여 막대한 예산과 자원을 투입하여 내부시가지 재생사업을 적극적으로 추진하여 왔다. 그러나 이러한 중앙정부 주도의 자산주도형(property-led) 도시재생 사업은 물리적 환경의 개선 이외에는 그 파급효과가 미미하여 대도시로의 인구유입을 효과적으로 유인하지 못하는 한계를 노정하고 말았다(김영환 외, 2002: 401).

그러던 중 1990년대 들어 환경문제가 세계적인 이슈로 등장하게 됨에 따라 영국 정부는 계획정책지침(PPGs)을 개정하거나 주택백서(White Paper)의 발간[8] 등을 통해 그 동안의 도시확산 정책으로부터 탈피하여 기성시가지에

---

7) 이 기간 중 내부 런던(Inner London)의 경우 전체 인구의 25%인 100만여 명이 감소하였고, 맨체스터(Manchester, 34%), 리버풀(Liverpool, 36%), 버밍햄(Birmingham, 15%) 등 산업혁명을 주도했던 대도시들의 인구가 대폭적으로 감소하였다(Urban Task Foece, 1999).

8) 1994년 영국정부는 계획정책지침(Planning Policy Guidance, PPG) 중 일부를 개정하여 도시근교에 소매점이나 위락시설, 상업시설의 개발을 억제하고

대한 압축적이고 짜임새 있는 개발을 통해 도심재생을 적극적으로 추진하고자 하고 있다(김영환 외, 2002: 401).

2) 영국 도심재생 정책의 전개 과정

영국에 있어 지역의 침체된 경제를 활성화시키고 황폐화된 물리적 구조를 개선함으로써 도시문제를 해결하고자 하는 노력은 1950년대의 도시 재구축(urban reconstruction)을 시작으로, 1960년대의 도시 재부흥(urban revitalization)을 거쳐, 1970년대의 도시 재개발(urban renewal), 1980년대의 도시재건(urban redevelopment), 1990년대 이후에 추진되는 도시재생(urban regeneration) 등의 정책 과정을 대표적으로 들 수 있다(Beswick, 2001: 13~59).

① 1950년대의 도시 재구축(reconstruction) 정책

1950년대는 영국 도시들의 전후 재건으로 특징지어진다. 재건사업은 기존 지역의 쇄신, 새로운 주택수요의 성장과 함께 노동당 정부의 긴급한 정책과제가 되었다. 생활수준의 향상과 주택은 가장 중요한 목표가 되었다. 또한 이 시기는 새로운 주택단지의 건설에 있어 교외성장의 시기였다. 기존도시들의 노후지역은 마스터플랜과 계획의 기술적 과정에 의해서 확장되고 설계되었다. 녹지공간은 모든 사람들이 즐기는 매력 있는 장소로서 인식되었다.

그러나 교외개발 과정과 산업 재배치는 내부시가지의 심각한 쇠퇴를 초래하였다. 내부시가지에서의 직주(職住) 분리와 저소득 계층의 집중현상은 조밀한 인구이동을 초래하였고, 엘리트와 고소득 계층은 내부시가지의 핵심부에 근접해 있는 저소득 계층의 불리한 주거환경을 떠나 쾌적한 교외지역으로 이동하였다. 또한 이 기간동안 도시재건 계획에서 주요 활동가와 이해당사자들은 소수의 민간부문 개발업자를 포함한 국가와 지방정부였다. 따라서 도심재생의 경제적 측

기성시가지 내에 주택건설을 촉진하도록 함으로써 환경정책을 제도적으로 뒷받침할 수 있도록 하였으며, 1995년 주택백서에서는 향후 25년간 건설될 총 380만 호의 주택 중 50%를 기성시가지 내 잔여 토지 및 건물의 활용을 통해 지속가능한 도심재생을 추진하고자 하고 있다(김영환, 2001).

면에서 자금의 대부분은 소수 민간부문의 참여를 포함한 정부수준에서 조달되었다(Roberts and Sykes, 2000).

② 1960년대의 도시 재부흥(revitalization) 정책

주택수요와 인구압력은 노동당과 보수당 정부의 노력과 개입에도 불구하고 계속되었다. 중심부를 회복시키기 위한 노력은 적은 반면, 주변부와 교외지역의 성장은 계속되었다. 새로운 기술과 기법 활용을 통한 계획 과정의 평가와 개선이 강조되었다. 그러나 재활성화 과정의 활동과 노력들은 대중의 기본적 수요, 환경적 측면을 고려하지 않은 진부한 것으로 판명되었다.

균형은 공공부문과 민간부문의 참여수준 측면에서 달성되었다. 활동공간의 수준은 지역수준까지 확대되었다. 민간부문 투자의 영향과 참여는 점점 증가하였다. 영국정부의 계획접근 방법은 실용주의적인 것으로 설명될 수 있었다(Kirby and Carrick, 1985). 부가적인 감독과 함께 규제적인 계획통제는 주로 지역수준에서 이루어졌으며, 만약 필요하다면 중앙정부로부터 통제가 이루어졌다.

1970년대 중반까지 지방당국은 도시변화를 지시하고 지도하는 기관으로서 인식되었다. 보수당과 노동당 정부에 의해 수행된 계획 정책과 제도에도 불구하고 영국의 대다수 도시들의 물리적, 경제적, 사회적 쇠퇴의 경험은 계속되었다(Barnekov, 1989).

1964년부터 1970년까지의 노동당 정부의 재선은 계획 통제의 단결과 부흥을 보였다. 그러나 1970년에서 1974년 사이의 보수당 정부는 과거의 활동과 계획 의지의 감소를 병행하였다. 에드워드 헤스(Edward Heath)에 의한 보수당 정부는 노동당 정부가 수행한 도시 중심부의 사회적, 경제적 쇠퇴에 대한 국가정책의 무능력에 대한 반작용으로서 선출되었다(Barnekov, 1989). 전통적으로 엄격한 계획통제의 완화는 계속되었다.

③ 1970년대의 도시 재개발(renewal) 정책

이 기간의 계획과 개발은 특히 노후화된 도시지역에서의 근린 계획과 광범위한 주거지역의 재개발에 초점을 두고 있다. 1970년대 재생노력의 목표는 쇠퇴하는 산업을 더욱 현대적인 대지로 재배치하는 것과 사회적으로 당면한

문제를 해결하기 위한 장소를 계속해서 재개발하는 것이었다(Berry et al, 1993). 이전 10년간의 계획 노력의 결과는 계획 작업의 큰 실수로 인식되게 되었다. 제조업부문으로부터 떨어져 있는 경제활동의 변화는 특히, 노동자계급에서 실업의 증가를 초래했다. 경제적 후퇴는 도시쇠퇴에 대처하는 계획가의 능력을 감소시켰고, 대부분의 도시지역의 위기를 경험하였다. 재정 삭감은 공공부문으로부터 이용 가능한 기금을 감소시켰다. 따라서 투자를 위해 민간부문을 중요하게 인식하게 되었다. 지방정부는 도시쇠퇴에 대처할 수 없는 것으로 보여졌다. 사회적으로 재개발의 활동은 더 큰 권한을 포함한 지역사회를 기반으로 진행되었다. 또한 환경개선의 영역에서 어느 정도 혁신이 있었다.

내부시가지를 재생하기 위한 첫 번째 도시정책 문서의 구성은 이전의 개별적인 기초에 의해 작용하였던 것들이 물리적, 경제적, 사회적 정책들의 조화를 통해 시도되었다.

④ 1980년대 도시재건(redevelopment) 정책

1980년대는 내부시가지의 도시계획에 대한 기본적인 정부정책에서 커다란 변화를 보였다. 내부시가지가 직면한 문제들을 해결하기 위해서 공공부문 자원 활용은 더 이상 고려되지 않았고, 기업적 접근방식을 채용한 민간부문의 활용이 고려되었다. 이러한 패러다임 변화를 주도한 것은 1977년 정부가 발간한 "내부시가지 정책백서(Policy for the Inner Cities)"였으며, 내부시가지 노후화의 중요한 이유로 경제적 쇠퇴를 들었다(Deakin and Edwards, 1993).

1977년 백서에서는 기존도시들의 도시쇠퇴를 유발한 다양한 문제들을 정의하였고, 내부시가지 문제의 재생을 도울 수 있는 혁신적인 전략과 프로그램을 제시하였다. 제시된 전략과 프로그램은 공공기관, 비영리단체, 지역사회조직, 민간부문 등 모든 부문을 포함하는 것이었다. 도시재개발의 과정에서 민간부문의 참여는 내부지역의 경제적 활동을 증가시키는 유일한 방법으로 간주되었다. 도시 재활성화 프로젝트에서 민간부문의 참여를 포함하고 강조하는 것은 더 이상 중앙정부가 도심재생을 위한 모든 자원을 제공할 수 없다는 생각으로부터 전개되었다.

⑤ 1990년대의 도시재생(regeneration) 정책

1990년대의 도시정책은 도시재생에 있어서 중요한 변화를 경험하였다. 이것은 정부로부터 재정지원과 상급 직원의 임명을 받으나 독립된 권한을 가진 기관의 등장이다. 마가렛 대처(Margaret Thatcher)에 의해 수행된 도시재생 노력은 1991년에서 1994년까지 새로이 선출된 존 메이저(John Major)의 보수당 정부에 의해서 계속되었다. 그는 재임기간 동안 도시쇠퇴에 대한 미온적인 접근 때문에 노동당으로부터 비난을 받았다.

유사하게 노동당의 지도자인 토니 블레어(Tony Blair)도 노동당보다 더 보수적으로 보인 그의 행동에 대해서 비난을 받았다. 1994년에 선출된 토니 블레어(Tony Blair)는 도시와 농촌문제에 접근하는 방식으로써 새롭고 혁신적인 방법을 찾고자 노력하였다. 블레어니즘은 지역사회의 주민과 이익집단에 인기가 있을 뿐 아니라 더 사업적이었다. 모든 수준에서 파트너십의 강조는 경제적, 사회적, 물리적, 환경적으로 지속 가능한 사회를 만들기 위한 최상의 목표였다. 영국 도시들이 상태에 대한 정보를 획득하기 위한 정밀한 연구, 조사, 포럼들이 진행되었다. 정책형성은 통계적 증거와 전문가의 평가뿐만 아니라 대중들과 지역사회의 수요를 결정하는 협의 과정에 근거를 두었다.

이상 영국 도심재생 정책의 변천 과정을 살펴보면 〈표 2-3〉과 같다.

〈표 2-3〉 영국 도심재생 정책의 변천 과정

시대구분	1950년대	1960년대	1970년대	1980년대	1990년대
정책유형	재구축정책 (Reconstruction)	재부흥정책 (Revitalization)	재개발정책 (Renewal)	재건정책 (Redevelopment)	재생정책 (Regeneration)
주요 전략과 경향	Master plan에 의한 도시 노후지역의 재건축; 교외 지역의 성장	1950년대 경향 유지; 교외와 주변부의 성장; 부흥의 초기시도	재개발과 근린 단위 계획에 초점; 주변부 개발 계속됨	대규모개발 및 재개발계획; 대규모 개발 프로젝트	정책과 집행이 보다 종합적인 형태로 전환; 통합된 처방에 대한 강조
주요 참가자와 이해관계자	중앙과 지방정부; 민간개발업자와 도급업자	공공과 민간부문 간의 균형을 이루는 방향으로 전환	민간부문 역할 강조와 지방정부의 탈중앙화	민간부문과 특별정부기관이 중심; 파트너십의 성장	파트너십이 지배적 접근

시대구분	1950년대	1960년대	1970년대	1980년대	1990년대
정책유형	재구축정책 (Reconstruction)	재부흥정책 (Revitalization)	재개발정책 (Renewal)	재건정책 (Redevelopment)	재생정책 (Regeneration)
활동의 공간적 수준	지방 및 해당 부지차원의 강조	지역차원의 활동 등장	초기에는 지역 및 지방차원; 후에 지방차원이 더 강조	80년대 초 해당 부지차원 강조; 후에 지방 창원 강조	전략적 관점의 재도입; 지역 차원의 활동 성장
경제적 초점	일부 민간부문 투자와 함께 공공부문 투자	1950년대 이후 지속된 민간투자의 영향	공공부분 재정압박과 민간투자의 성장	선별적 공공자금으로 민간부문이 주도	공공, 민간과 자발적 기금 간 균형이 중요
사회적 내용	주택 및 생활수준의 향상	사회, 복지의 증진	커뮤니티 기반시책과 많은 권한 부여	선별적인 국가 지원하에서의 커뮤니티 자활	커뮤니티 역할 의 강조
물리적 강조	내부지역의 복원과 주변지역의 개발	기존지역의 재건과 병행하여 1950년대의 정책 유지	노후도시지역의 재개발 확대	대규모 재개발 및 신개발, 대규모 프로젝트	1980년대보다 신중한 개발계획; 문화유산과 자원보존
환경적 접근	경관 및 일부 조경사업	선별적인 개선	일부 혁신적인 사업을 통한 환경개선	환경적 접근에 대한 관심 증대	환경적 지속성의 보다 넓은 개념 도입

자료: Robert, P. and Sykes, S. (eds). (2000). *Urban Regeneration: A Handbook*. London: SAGE Publication. 14.

나. 미국의 도심활성화 정책

1) 배경

미국에서의 도심공동화는 주민과 기업이 각자의 경제적 효용 극대화를 추구하는 과정에서 주로 경제적 원인에 의해, 〈주거기능의 교외화→상업기능의 교외화→업무기능의 교외화→에지시티(edge city)[9]의 형성→재정난

9) '에지시티(edge city)'란 「워싱턴포스트」지의 논설위원이었던 가로(Joel Garreau)가 1991년 쓴 그의 저서 「에지시티(Edge City)」에서 교외화 경향을 제1기(주거교외화의 시기), 제2기(상업교외화의 시기), 제3기(복합기능을 가진 교외도시 형성의 시기)로 구분하면서 제3기의 교외도시를 지칭하는 단어로 명명한 것으로서, 대도시 주변의 위성도시와는 달리 모도시와 경제적으로 독립한 본격적인 도시집적(예를 들면 워싱턴 D.C. 주변의 16개 교외도시들)을 말한다(日本政策投

에 의한 중심시가지의 인프라 열악화〉 과정을 거쳐 진행되어 왔다. 그 결과 중심시가지의 공동화에 따른 지역적 정체성의 상실(가치재의 감소), 공공인프라의 저이용·미이용(외부경제효과의 비유효 활용), 환경부하의 증대(외부불경제의 발생) 등의 문제가 심화되어 이것이 '중심시가지 존재의의의 재발견'이라는 흐름을 만들어 내고 있다(김영환 외, 2002: 402).

이러한 중심시가지 문제와 관련하여 미국 연방정부는 1960년대부터 내부시가지 문제 즉, 도시빈민 문제에 주력해 왔으나 역시 그 한계점을 인식하고 1990년대 들어 도시확산의 억제와 더불어 중심시가지의 활성화를 도모하려는 성장관리 정책으로 방향을 전환하게 되었다. 이는 중심시가지의 문제를 단순히 빈곤대책으로만 취급하는 것이 아니라 공공교통시스템의 정비 등에 의해서 도시구조 그 자체를 재생하고자 하는 새로운 관점으로서 성장관리, 지속 가능한 도시정책의 연장선상에 위치한다. 즉, 이전까지는 중심부 쇠퇴는 내부시가지(inner city) 문제로, 교외부의 확대는 스프롤(urban sprawl)의 문제로서 각각 별개의 도시문제로 다루어져 왔으나, 이것이 최근에 와서는 '스마트 성장(Smart Growth)'이란 개념하에 중심부와 교외부를 포괄하는 하나의 문제로 인식하게 되었다고 할 수 있으며, 주정부의 주도하에 실시되는 중심시가지 활성화 시책은 다음 〈2-4〉와 같다.[10]

資銀行, 2001).

10) 미국 연방정부에서는 이것을 추진하기 위해 그 동안 다양한 시책들이 추진되어 왔는데, 황폐해진 내부도시와 지방 커뮤니티가 자조적으로 재생과 발전을 도모할 수 있도록 지원하기 위한 'Empowerment Zone(EZ) & Enterprise Community(EC)'(1993년), 토양오염이 있는 공장적지를 재개발하기 위한 'Brownfield Regeneration Initiative'(1995년), 강과 수변공원을 재생시키기 위한 'American Heritage Rivers Initiative'(1997년), 연방휘발유세를 고속도로 정비 이외의 목적으로 이용할 수 있는 길을 튼 '21세기 교통최적화법(TEA-21)'(1998년) 등이 대표적인 사례라고 할 수 있다. 특히, 1999년에 발표된 '활력 있는 도심재생 추진기구(Livable Community Initiative)'는 성장관리 개념에 입각한 제반시책을 종합적으로 강화하기 위한 것으로, 21세기를 향하여, 도보 내지 자전거 이용이 용이한 거리, 역사적인 장소·농장·산림·녹지가 보존되는 거리, 통근시간 단축으로 인한 가족 및 이웃과의 유대를 도모할

〈표 2-4〉 미국의 중심시가지 활성화 시책

구 분	시 책	주 요 내 용
보행 친화적 재생	보행자 전용구역 (Pedestrian Mall)	· 시가지 내 특정구역에 대한 자동차배제형 교통정책 · 소도시 :「Park and Walk(P&W)」 방식 · 대도시 :「Park and Rid(P&R)」 방식
	트랜지트 몰 (Transit Mall)	· 대중교통시스템 도입: 셔틀버스, 경전철(LRT) · 교외와 중심시가지 간의 연결 확보(P&W, P&R)
	메인・스트리트 (Main Street)	· 거주자로서의 커뮤니티・아이덴티티를 재생 · 여행자 등 외부인에게는 매력 있는 산책공간 제공
	비영리단체	· 역사적 거리 보전운동 · NPO가 매수, 개수, 매각을 통하여 역사적인 건조물을 보존(렉싱톤역사재단) · 미국역사보존기금(NTHP)
	경관조례	· 지구별로 색채나 소재 등에 관한 경관조례 · 아나폴리스시: 역사보존위원회(HPC)
주거 기능 재생	커뮤니티개발회사 (CDC)	· 주거지구 재생활동 · 저소득자 중심의 주택정비를 담당 · 커뮤니티경제개발 전국회의(NCCED)
	고령자 친화적 마을 만들기	· 고령자 중심의 대규모 거주시설 · 집합케어・하우스, 어시스턴트・리빙시설, 지속케어 고령자 커뮤니티, 「age in place」
	가옥개수 대부금제도	· 62세 이상 고령자에 대한 가옥 개・보수 대부
상업 기능 재생	집중소매관리제도 (CRM)	· 쇼핑센터(SC)의 점포관리수법 도입 · 중심지 상점가 전체의 임차인 구성, 컨셉 통일 등 · 관리조직: TMO(Town Management Organization)
	업무개량지구제도 (BID)	· TMO의 상업활동 활성화 재원 조달 · 중심지 부동산 소유자 다수의 동의를 얻어 과세 부과 · 유사제도: DID, SID, BIZ, SAD 등
업무 기능 재생	비즈니스센터	· 기업 중심의 비즈니스 서비스 · 대기업본사 유치: Clevelend(OH), Philadelphia(PA) · IT 산업 유치: 중소규모기업 집적, 문화・예술환경정비
	컨벤션센터	· 관광지로서의 중심지 매력: San Antonio(TX) · 쾌적한 도시환경, 개성 있는 도시경관

수 있는 거리를 조성하기 위해 연방정부가 다양한 기금을 지원하고자 하는 것이다(日本政策投資銀行, 2001).

구분		시책	주요내용
집적성재생	투자촉진정책	세수증대 확보(TIF)	· 지방정부가 재개발 프로젝트의 사업자금을 고정자산세 등 세수증가분에 의해 교부하는 제도
		리볼빙 론 펀드(RLF)	· 주·연방정부 보조금을 재원으로 인프라 정비 사업 및 재개발사업에 융자
		거주지 연동형 부동산융자(LEM)	· 중심지 거주자의 대출 한도액을 인상하여 거주 촉진 · Mapping System: 주택구입자금대출의 상한 결정
		기타	· CDBG, EZ·EC 등 세제상 우대조치
	성장관리정책	택지분할규제(SC)	· 시가지 주변부 건물의 높이 제한, 부지 분할 금지 등에 의한 중심지 경제활동 회복을 유도
		성장경계선(UGB)	· 도시권 전체의 스프롤 억제를 위한 성장경계선

자료: 日本政策投資銀行 編著. (2000). 「海外の中心市街地活性化」. 東京: ジェトロ; 김광우 역. (2002). 「중심시가지 활성화: 미·영·독의 18개 도시 사례연구」. 광주: 전남대학교 출판부. 54~83.

다. 일본의 도심활성화 정책

일본의 기존 도심활성화 정책은 도심의 상업지역에 한정하는 중심시가지 활성화에 초점을 맞추고 있었고, 이를 위해 중심시가지 활성화법을 제정·운영해 왔으나, 최근 들어 대도시권까지 포괄할 수 있고 강도 높은 도시재생을 추진하기 위한 도시재생 정책이 도입되었다. 따라서 일본의 도심활성화 정책은 기존의 중심시가지 활성화 정책과 도시재생 정책에 대해 구분하여 살펴보고자 한다.

1) 배경

일본에서의 도심부 쇠퇴문제는 고도성장기부터 대두되기 시작했는데 근래에는 대도시뿐 아니라 일부 지방도시에서도 주거지의 교외화가 급속히 진행되어 도심부의 공동화를 초래함으로써 심각한 도심부 쇠퇴현상을 나타내고 있다. 이에 따라 1965년을 시작으로 상점가 활성화를 중심으로 하는 도심부 활성화 시책이 많이 제시되고 있으나 자동차사회의 진전, 고지가와 권리의 폭주, 상업 집적의 매력저하 등에 의하여 도심부의 공동화가 급속하게 진행되고 있으며, 향후 인구의 고령화 및 감소 등에 의하여 더욱 가속될 전망이다.[11]

2) 중심시가지 활성화 시책

일본의 각 도시에서는 1960년대 인구의 이동, 1970년대 교외 쇼핑센터의 등장, 1980년대 업무 및 행정기능의 교외화로 인해 중심시가지가 쇠퇴하게 됨에 따라 이에 대응하는 다양한 시책을 전개하여 왔다. 그러나 기존의 사업들은 단편적인 것으로서 제대로 실효를 거두지 못하였다는 인식이 확산되면서, 중심시가지 활성화를 종합적으로 추진하기 위하여 1998년 7월 중심시가지 활성화법을 제정하였다.

중심시가지 활성화법의 목적은 도시의 중심시가지 경제 및 상업 발전을 꾀하는 것이다. 이를 위해 도시기능의 증진 및 경제 활력의 향상을 위해 "시가지의 정비" 및 "상업 등의 활성화"를 일체적으로 추진하는 것을 주요 내용으로 한다. 법제정의 핵심사항은 관계 성청 11개가 연계하여, ① 200여 개의 사업을 복합적으로 추진할 수 있도록 법률상의 특례조치는 물론 보조, 융자, 세제특례 등을 통하여 국가가 지원하며, ② TMO[12]를 설치하여 중심시가지에 상업 집적을 일체적으로 하는 업종구성, 점포배치, 기반정비, 소프트웨어적 대책을 강구하여 운영·관리하며, ③ 시정촌이 중심시가지 활성화 기본계획을 수립·결정하는 것이다(박종철, 2001a: 10).

일본은 중심시가지 활성화법의 제정을 계기로 국토교통성 산하에 중심시가지 활성화 추진실[13]이 설치되었다. 이 법에 근거하여 국가는 시정촌의 기본계획의

---

11) 모든 규모의 도시에서 공동화가 진행되고 있는 미국과는 달리, 일본의 경우 공동화의 정도는 도시권 규모에 따라 다르고, 규모가 작은 도시일수록 공동화가 심한 경향을 보이고 있다. 그러나 중심부의 도시기능 집적도라는 측면에서 보면 일본의 도시는 아직도 미국과는 달리 비교할 수 없는 수준의 높은 집적도를 보이고 있다(日本政策投資銀行, 2001).

12) TMO(Town Management Organization)는 상점가, 행정, 시민, 기타 사업자 등 지역을 구성하는 다양한 주체가 참여하여 중심시가지를 횡단적·종합적으로 조정하고 사업을 펼치는 주체적 기관이다. 중심시가지 활성화법에서는 TMO가 될 수 있는 기관은 다음의 4기관 중 하나이어야 한다고 규정하고 있다. 즉, 상공회, 상공회의소, 제3섹터의 특정회사(중소기업이 주로 출자하는 회사), 제3섹터의 공익법인(지방공공단체가 주로 출자하는 회사)이다. 한마디로 말하자면, TMO는 중심시가지 전체를 하나의 쇼핑몰로 보는 시각에서 출발한 조직이라 할 수 있다 (http://www.life-page.co.jp/tmo/susume2.htm#01).

13) 이는 '중심시가지 활성화 관계부성청연락협의회(시정촌에 대한 지원을 위한 관계부성청 간의 연계조직)'를 보좌하여 연락협의회의 사무소속이나 활성화 기본계획 수립 등에 대한 시정촌으로부터의 문의에 대한 답변, 시·정·촌에 정보

지침이 되는 기본방침을 작성·공포하고, 시정촌은 기본방침에 입각하여 일정 조건을 만족하는 구역을 중심시가지로 정하여 중심시가지의 활성화를 위한 방침이나 목표, 실행사업에 관한 기본적인 사항 등을 내용으로 하는 기본계획을 작성한다.

중심시가지 활성화법은 〈그림 2-4〉와 같이 지역특색이나 지역 주민, 상업자 등의 의향을 충분히 반영하기 위해 해당 지역의 역할을 강조하고 있다. 또한 시가지의 정비·개선과 상업의 일체적인 활성화 추진을 주요 특성으로 하고 있으며, 국토교통성, 경제산업성, 총무성을 포함한 11개 성청은 보조, 세제, 융자 등 다양한 방식으로 지원하고 있다(권대환, 2002: 18~19).

〈그림 2-4〉 일본의 중심시가지 활성화 체계

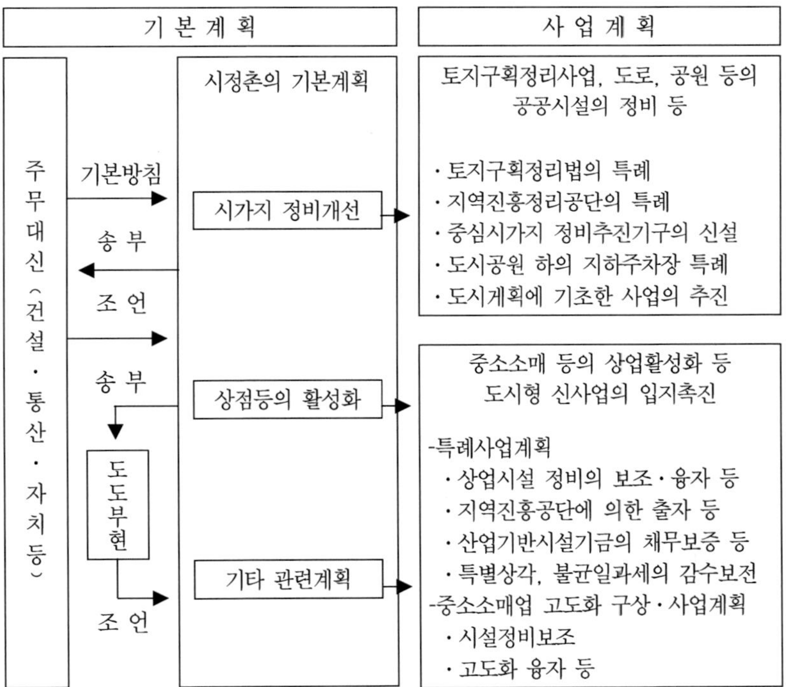

출처: http://www.city.kani.gifu.jp/shisei/tyusin/introduction/4.htm

를 제공하기 위한 관계부성청의 통합 창구기능을 하는 곳이다.

중심시가지 활성화법에서 규정한 법적 사업리스트는 "시가지정비"와 "상업 활성화"라는 두 종류이다. 실제의 사업추진은 "시정촌기본계획"(도시계획법)의 방침을 따라 작성되는 "지역활성화 기본계획"(중심시가지 활성화법)에 의한다. 2000년 10월 작성된 100여 곳의 "지역활성화 기본계획"에서 몇 가지 특징을 볼 수 있다. 즉, ① 중심시가지 구역의 규모에 대해 차이가 많아 900ha에서 10ha까지 편차가 크지만, 대략 100~200ha가 많으며, ② 중심시가지 구역 내에 중점정비지구를 독자적으로 지정하는 등 다양한 시도를 볼 수 있으며, ③ 하드웨어적 시설사업만이 아닌 소프트웨어적 사업도 중시하는 경향을 볼 수 있으며, ④ 재개발 등으로 시가지를 정비하면서, 핵심적인 역할을 하는 상업시설을 유치하려 하며, ⑤ 중심시가지 활성화를 상업진흥에만 한정하지 않고, 지역의 생활・교류거점으로서 중심시가지를 재생하려는 공통점을 발견할 수 있으며, 그 외에도 ⑥ 지역의 문화나 고령자에 대한 배려, 아름다운 경관 형성, 환경과의 공생을 포함한 경우도 볼 수 있으며, ⑦ 市町村에 독자적으로 계획을 수립・결정하였다(박종철, 2001a: 11). 일본의 중심시가지 활성화 기본계획에서 추진하고 있는 활성화 시책은 〈표 2-5〉와 같고, 지역특성에 맞게 각종 사업을 활발히 계획하고 있다.

〈표 2-5〉 일본의 중심시가지 활성화 시책

대처 내용	세 부 사 항
상업 매력 향상	핵점포 유치, 상점가 환경정비, 공동점포의 정비 등
문화・교류・복지 등의 기능강화	관련 시설의 정비, 기타 공공시설의 정비, 구획정리사업 등의 면정비 등
이벤트 개최	이벤트 실시, 이벤트공간 정비 등
이용자 증가	관광자원 및 역사적 자원 활용, 대화나 회의의 유치 등
보행환경 정비	걷기 편한 환경정비, 공원 등 휴식장소의 정비, 경관정비, 차량 유입억제 등
공공교통 정비	간선도로 정비, 주차장 및 주차장 안내시스템 정비 등
상주인구 확보	도심형 주택의 공급, 고령자를 위한 주택의 공급 등
핵조직 정비	내부, 전임조직, 협의회 조직, TMO 등

출처: 권대환. (2002). 지방도시의 중심시가지 활성화 방안에 관한 연구: 전주시를 중심으로. 석사학위논문, 전북대학교 대학원. 19.

3) 도시재생 정책

도시재생 정책은 현재 일본의 도시가 사회・경제활동의 거점으로서의 국제 경쟁력이 떨어지고 있다는 판단하에 구조개혁의 일환으로 도시의 매력과 국제 경쟁력을 높이는 것을 목표로 하고 있다. 이의 강력한 추진이 가능한 「도시재생특별조치법」이 2002년 6월 1일에 시행되었는데, 이 법에서는 지정 후 각종 규제완화 조치가 이루어지는 '도시재생긴급정비구역', '도시재생특별지구'를 비롯하여 '인정도시재생 사업에 대한 금융지원조치'를 마련하는 등 각종 특례조치를 강구하고 있다. 또한 2003년도 세제개정에 따라 민간자금을 인정도시재생 사업에 유도하기 위한 목적으로 출자・사채 등 취득업무를 실시하기 위한 「도시재생펀드」가 신설되었다(日本國國土交通省都市・地域整備局, 2003: 2~4).

또한 내각총리대신을 본부장으로 하는 도시재생본부를 설립하여 「도시재생프로젝트」를 지정하고 있다. 이는 내각이 정하는 도시재생을 위한 방침 아래 여러 주체가 협력하여 세우는 구체적인 행동계획으로 '21세기 새로운 도시창조'를 목표로 둔 긴급과제 대응 프로젝트라고 할 수 있으며, 현재 15개의 프로젝트14)가 선정된 바 있다. 그리고 도시재생본부에서는 2002년 4월에 전국을 대상으로 주변의 질 향상 및 지역경제사회의 활성화를 꾀하기 위한 '전국 도시재생을 위한 긴급조치'를 결정하였는데, 각 지역에서도 도시재생본부를 중심으로 지방공공단체 및 관계기관과 협력하여 방범・방재마을 만들기, 역사・문화마을 만들기, 환경마을 만들기, 도시관광 추진사업 등 다양한 테마를 통한 도시재생을 도모하고 있으며, 현재는 '전국 도시재생모델 조사'의 실시를 통해, '지역이 스스로 생각하여 행동한다'라는 도시재생 활동

14) 도쿄만 임해부에 대한 기간적 대도시권 국제교류・물류기능 강화, 대도시권 환상도로체계정비, 오사카권 생명과학 국제거점 형성, 도시부의 탁아소 대기아동 해소, PFI 수법 확대 전개, 밀집시가지 긴급정비, 기존도시자산 활용, 대도시권 도시환경인프라 재생, 도쿄만 게놈과학 국제거점 형성, 큐슈권 아시아산업 교류거점 형성, 지방중추도시의 선진적이며 개성 있는 도시화, 국유지의 전략적 활용에 의한 도시거점 형성 등이다.

의 지원을 하고 있다.

이와 같은 도시재생 정책의 원활한 추진을 위하여 정부의 특수법인 및 도시기반정비공단, 지역진흥정비공단의 지방도시개발정비 부문 등이 통폐합된 「독립행정법인 도시재생기구」가 2004년 7월에 설립될 예정인데, 이 법인은 자체적으로 도시개발 및 주택정비의 모든 과정을 수행하는 것이 아니라, 민간이 주체가 되어 실시하는 사업의 보완기능을 완수할 수 있도록 하고 있다(계기석·김형진, 2003: 92~93).

제3절 기존연구의 검토와 분석틀

1. 도심 관련 연구동향

우리나라의 도심 관련 연구는 1970년대 초에 시작된 이래 꾸준히 이어지고 있다. 특히, 서울의 도심과 부도심의 형성에 관한 이영택(1970)의 연구는 우리나라 도심연구의 출발점이 되었고, 이후 30여 년 동안 약 40여 편의 도심 관련 논문이 발표되었다. 이 연구들을 내용별로 분류해 보면 대략 네 가지 주제로 나누어진다(김창석 외, 2002: 51~56).

첫째, 도심의 경계설정 및 거시적 공간구조 분석과 관련된 연구이다. 여기에 해당되는 연구는 대부분 1970년대에 이루어졌다. 도심기능이나 시설의 공간적 분포, 지가분포, 중심업무지수법 등 다양한 도시경계 설정방식이 소개되었으며, 거의 모두가 서울시를 대상으로 연구를 수행하였다.

둘째, 도시 내 중심지계층의 존재를 규명하는 실증적 연구이다. 대부분의 연구가 1980년대 이후, 특히 1990년대에 접어들면서 주로 이루어졌으며, 모두 서울시를 대상으로 연구를 수행하였다.

셋째, 도심기능 또는 도심부활동이나 토지이용의 특성을 다룬 연구들로서 주로 1970년대 후반에서 1980년대에 걸쳐 연구가 수행되었다. 특히, 도시계획 분야와 직접적인 관련을 갖는 연구주제들이 많이 등장하였다.

넷째, 1990년대 이후 이루어진 연구들로서 아직은 단편적으로 연구가 진행되지만, 앞으로 도심연구의 다양화에 크게 기여할 것으로 기대되는 주제들을 다루고 있다. 즉, 도심부의 물리적 형태변화에 대한 역사적 연구, 인사동 등 전통공간의 역사환경적 해석, 도심부 제조업문제, 도심소재 기업본사의 입지 이전 경로파악, 도심 상업기능의 미시적 입지결정 과정 규명, 도심 재개발 활성화 전략 등 도심에 대한 학문적 호기심뿐만 아니라 도심 관련 정책수립에도 매우 유용한 시사점을 제공해 주는 연구들이 다양하게 시도되고 있다.

그러나 지난 30여 년 동안 우리나라의 도심 관련 연구는 모두 40편에도 미치지 못할 정도로 양적인 면에서 매우 빈약할 뿐 아니라 연구의 내용 면에서도 중심지계층의 존재, 특히 서울시의 부도심이 어디인지를 밝혀내는 데에 너무 치중해 연구의 다양성 측면에서도 미흡한 점이 많다. 또한 대부분의 연구들이 서울시를 연구대상으로 하였고, 지방 대도시에 대한 도심연구가 극히 적었다.

최근 들어 쇠퇴하는 대도시 도심에 대한 재생 또는 활성화 연구가 활발히 진행되고 있다. 이러한 도심재생에 관한 연구들은 도심활성화에 관한 전반적인 연구로 도심쇠퇴에 대한 분석과 그에 따른 활성화 방안을 제시하는 연구로서 주로 서울, 대전, 부산 등을 사례로 이루어진 연구들이 있다, 즉, 도심부 기능회복을 위한 부문별 연구로 주거기능, 상업기능, 복합용도 개발, 보행환경 정비와 관련된 연구 등을 들 수 있다. 또한 외국의 도심활성화 사례에 대한 연구로 우리나라의 도시화 과정과 유사한 일본의 중심시가지 활성화 사례에 대한 연구, 미국의 중심시가지 활성화 정책, 영국의 도시재생 정책에 관한 연구들이 진행되고 있다.

2. 도심재생에 관한 기존연구의 검토

지금까지 시도되었던 도심재생에 관한 연구는 연구의 초점에 따라 도심부 기능회복을 포함한 도심재생에 관한 전반적인 연구, 외국의 도심재생 사례연구 등이 있다.

가. 도심재생 전반에 관한 연구

이상대(1996, 2002)는 서울시 내부시가지를 사례로 한 실증연구에서 서울시 내부시가지 쇠퇴현상은 상주인구 감소, 물리적 쇠락, 하위 거주계층의 집중 등을 특징으로 보고, 내부시가지 재생을 위해서는 신개발 위주의 정책과 물리적 정비 및 주택건설 위주의 정책 기조를 탈피하여 시가지 활성화와 도시기반 정비를 통한 정주환경 개선이라는 '갱신형(更新型)' 도시정책으로의 전환이 필요하다고 제시하였다. 그래서 내부시가지 재생대책은 강북지역의 개발유도, 내부시가지에서의 주거기능 쇠퇴방지를 위한 제도적 장치 마련, 기반시설 정비와 필지체계 개선 등 도시기반 개선, 시가지정비 제도의 다양화, 교육환경의 개선 등을 제시하였다.

오덕성(1998)은 도심부 활성화를 위한 도심지역 복합화 추진의 기본방향과 전략사업지구인 고속전철 역세권 개발에서의 복합화 수용방안에 대해서 검토하였다.

김일규(2000)는 대전 중구의 사례를 중심으로 도심공동화를 극복하기 위한 가장 직접적이며 효과적인 방안으로 주상복합의 도시기능 강화, 민간 복합기능(Mixed Use)건물의 계획, 보행자 전용도로(Pedestrian Mall) 개발, 주거환경 개선 등을 제시하였다.

김영환・최정우・오덕성(2002, 2003), 임양빈(2003)은 지속 가능한 도시개발을 도모하기 위해서는 공간 구조적, 기능적 측면에서 도시의 핵심적 역할을 담당하고 있는 도심부의 재활성화가 필수적이라는 인식하에, 최근 선진국에서 활발히 논의되고 있는 성장관리기법을 기반으로 지속 가능한 도심재생 방안을 모색하기 위한 성장관리형 도심재생의 개념을 설정하고, 그 기본전략 및 계획요소를 도출하고자 시도하였다. 성장관리형 도심재생의 개념 설정에서는 도시성장관리의 개념 및 이론을 바탕으로 다양한 도심재생기법을 도심부에 적용하여 대도시의 무분별한 확산을 방지하고 도심부의 재활성화를 도모함으로써 궁극적으로는 경제성장과 환경보존이 조화를 이루는 지속 가능한 도시개발을 추구하고자 하는 것으로서, 그 성격을 이념적 · 정책적 측면, 물리적 · 환경적 측면, 사회적 · 경제적 측면에서 규정하였다. 성장관리형 도심재생을 도모하기 위한 거시적 측면에서는 ① 합리적 도시 공간구조 체계의 구축, ② 효율적 토지이용 방안의 모색, ③ 균형개발을 위한 개발밀도 관리의 강화를, 미시적 측면에서는 ① 역사 · 문화환경의 보전, ② 보행자 공간의 활성화, ③ 도심주거의 확보, ④ 복합용도건물의 활성화 등이, 집행 및 관리부문에서는 ① 계획 간의 일관성 유지, ② 금융 · 재정지원의 확대, ③ 조직 및 체계의 정비 등의 기본전략하에 다양한 기법과 계획요소를 제시하였다.

박천보(2002)는 구도심 공동화의 조짐을 보이며, 기능적으로 불균형한 도시개발이 이루어지고 있는 대전광역시를 사례대상으로 하여 도시재개발 측면의 도심공동화 대처방안으로 텔레포트 조성, 복합단지 개발, 재래시장 재개발, 특화지역 조성, 무공해 공업입지, 공공기관 이전적지 활용, 보행자 네트워크 구축 등을 제시하였다.

박천보 · 오덕성(2002)은 수도권의 배후도시로써 구도심의 활성화가 요구되고 있는 천안시를 대상으로 현재 추진 계획되고 있는 도심활성화 전략을 도시 공간구조, 개발밀도, 토지이용계획의 거시적 측면, 보행자공간 조성, 도심주거의 정비, 역사 · 문화환경 조성, 복합용도 개발(재래시장 활성화)의 미시적 측면에서 분석하여 국내 실정에 적합한 계획방향을 제시하였다.

백기영・임양빈・오덕성(2002)은 국내 도시의 도심공동화 실태와 도심재생 현황을 도시차원의 거시적 측면에서 도시 공간구조, 토지이용, 개발밀도 등 세 가지 측면으로 설정하고, 각 측면별로 주요 분석항목을 설정하여 제시하였다. 먼저 실태파악을 위한 사례연구에서는 20만 이상의 시(city) 이상인 79개 도시 전체에 대해서 도심공동화 진행실태 및 이에 대응한 도심재생 전략을 설문을 통해 조사하였다. 이어서 도시 공간구조, 토지이용, 개발밀도 등 거시적 측면의 분석틀을 대전, 청주, 광주, 울산, 천안 등 5개 사례도시에 적용하여 우리나라 도시의 도심재생 현황 및 문제점을 검토하였다.

온영태(2002)는 지방자치단체 차원에서의 도심지 활성화를 위한 시책이 원활하게 작동하기 위한 관련 제도의 정비방안으로서 중앙차원에서 도심지 활성화를 위한 계획과 시책추진을 제도적으로 가능하게 해주는 바탕을 마련해 주어야 하고, 지방자치단체 차원에서는 관련 제도의 정비를 설명하고 있다.

유상혁(2002)은 대전시 원도심의 활성화를 이끌어내기 위한 방안으로서 개발사업의 추진, 도시기반・공공지원시설의 확충, 도심성의 회복 및 매력창조, 지속적인 유지・발전을 위한 지원・관리체계 구축이라는 4개 부문으로 구분하여 세부방안 및 전략을 제시하였다.

이명훈・전병혜(2002)는 서울시 도심부의 인구 및 토지이용의 변화를 파악하고, 도심부의 공간적 특성의 분석을 통해, 도심부 쇠퇴방지를 위해서 공간의 특성에 맞는 정책과 도심부 활성화를 위해 주거기능의 확보 등을 제시하였다.

양재섭(2002)은 서울시 「도심부 관리기본계획」에서 제시한 새로운 도심부 관리방향을 살펴보고, 도심부 활성화를 위한 과제로서 장기적인 구상하에서 점진적으로 추진, 기성시가지 정비를 위한 다양한 수법 개발과 주민참여 유도, 도심 재개발 미시행지구의 처리문제, 도심부 생활환경 조성을 위한 노력 병행, 도심부 성장관리를 위한 모니터링체계의 구축 등을 제시하였다.

오덕성(2002)은 대전시 사례를 중심으로 기존 도심활성화 관련 계획의 검토를 통해, 도심과 관련된 각종 정비계획의 통합운영, 경제계획과 물적 계획의 연계, 민간참여의 활성화, 지구단위의 계획 및 정비사업의 실현성 확보 등 활성화 전략을 제시하였다.

정철모·고선하(2002)는 지방도시에서 구도심의 공동화문제는 획일적인 신시가지 확대에 따른 중심 상업활동의 쇠퇴, 야간인구의 감소, 종사자수·주간인구의 감소 등 복합적인 요인이라고 설명하고, 구도심 공동화를 극복하기 위한 대안으로서 성장지향적 도시개발 정책 즉, 교외개발형의 성장, 발전을 전제로 한 도시정책으로부터 집약도시정책으로 전환을 전제로 하고 있다. 이러한 전제하에 구도심의 활성화를 위하여 집약도시 개발론에 근거한 도심복합화와 고밀화가 정책의 중심이 되어야 된다고 강조하고 있다. 즉, 구도심의 재생은 도심 경제시스템의 재생을 바탕으로 보행환경의 개선, 도심주거 밀도 증대, 도시경관 및 역사문화환경 개선, 사회적 약자를 위한 친환경적 도시구조 확충 및 새로운 문화중심 기능특화 등 다면적인 전략을 제시하고 있다.

황재훈·박천보·오덕성(2002)은 국내 도시의 도심공동화 실태와 도심재생의 다양한 현상들을 도시설계, 건축적 측면에서 고려될 수 있는 도심재생의 방안을 도시차원의 미시적 측면에서 파악하고 이를 지역도시의 사례연구를 통해 해석하였다. 도시설계 부문은 도심의 활력을 불러일으키고 다양한 활동을 담기 위한 보행자공간의 활성화, 도시의 이미지 및 환경개선과 도시의 정체성 확보를 위한 역사·문화환경으로 구분하였으며, 건축부문은 도심 상주인구 확보를 위한 도심주거, 도심 소매업 및 벤처기업 활성화를 위한 복합용도 개발로 구분하여 사례연구 도시인 5개 도시(대전, 청주, 광주, 울산, 천안)에 적용하여 구체적인 현상을 해석하였다.

계기석(2003)은 기성시가지 중심상업·업무지역의 활성화 전략으로서 도심지역과 외곽 신시가지와의 기능적 분담 및 조화, 핵심사업의 선정 및 단계별 시행, 도심의 기능적, 물리적 특성에 부합되는 다양한 개발방식의 적용, 도심지역 활성화를 촉진·지원하는 법률제정, 실현가능성이 높은 도심활성화 종합계획의 수립, 도심관리조직의 육성 및 시민합의기반의 조성 등을 제시하였다.

권대환(2003)은 지방도시인 전주시를 사례로 중심시가지의 쇠퇴실태를 분석하였으며, 주상복합개발, 정주환경 정비, 도심특화형 주거공급, TMO 조직의 운영, 도시형 신산업 유치, 물리적 환경정비, 지역 역사·문화자원의 활용 등 기능별 활성화 방안을 제안하였다.

김혜천(2003)은 대전시 사례지역에 대한 도심공동화의 실태와 그 성격을 진단함으로써 도심재생을 위한 접근방법으로 도심 상권회복 및 신·구도심 간의 적정 기능배분, 역사·문화적 전통(상징성)의 활용, 구도심지역에 대한 특별용도지구의 지정 및 활용, 구도심 중심지구의 지구단위 정비 등 세부방안을 제시하였다.

염인섭·오덕성(2003)은 기존도심이 쇠퇴함에 따라 추진되고 있는 활성화 사업에 대하여 도심재생적 측면에서 사업추진체계, 전략, 내용 등을 파악하고, 각 측면별 사업의 효과 및 성과를 분석하기 위한 평가를 실시하여 사업계획 및 추진상의 문제점과 개선점을 도출하였다.

2) 외국의 도심재생 사례연구

윤상복·윤시운·오석기·이종식(1999), 윤상복(2001, 2002)은 일본의 중심시가지 활성화에 관한 동향을 분석함으로써 재생전략에 관하여, 국가·지방자치단체·상인·지역주민의 4자가 일체화되어 추진해 나가야 하며, 중심시가지 활성화를 위한 제3섹터의 조성이나 시가지조성 전담회사, TMO와 같은 조직을 지역상인 뿐만 아니라 지역주민이 자발적으로 구성하고, 이에 지방자치단체의 전문 부서에서 지원할 수 있는 체계가 되어야 만이 그 효과를 향상시킬 수 있다고 보았다. 이를 바탕으로 우리나라의 중심시가지 활성화를 위한 방안으로 정부차원에서 기본방침 설정, 지방자치단체에서 중심시가지 활성화 기본계획 수립, 활성화 조직을 양성하는 프로그램 개발, 생활환경을 중시한 시가지 활성화 전제, 지역의 균형발전을 위한 계획 목표, 지역주민들의 주체적 의식 고양과 지역발전을 위한 전문조직을 운영할 수 있는 전문가 양성 등의 방안을 제시하였다.

김도년·봉인식(2001)은 프랑스의 아파트단지들이 어떻게 생산되고 변화하였으며, 이에 대한 공공의 정책과 재정지원의 변화를 통해 도시재생 사업의 기원 및 지향점들을 파악하여, 현재 아파트단지 재건축 및 리모델링을 구상하여 시행하고 있는 한국의 여러 참여주체들에게 기존 아파트단지의 재활용에 대한 새로운 정보 또는 전략을 수립하는 데 방안을 제시하였다.

심상욱(2001)은 기성시가지 갱신에 대한 지구단위계획의 적용을 위한 기초적인 계획수법을 파악하기 위하여, 일본에 있어서의 기성시가지에서 주민참가에 의한 지구갱신계획의 수립 과정과 집행 및 이에 대한 「지구계획」의 적용에 대하여 밝히는 것을 목적으로 하고 있다.

계기석(2002)은 1960년대에서 1990년대 전반까지 이루어진 미국과 영국의 도심활성화를 위한 정책과 제도를 개괄적으로 살펴보고, 각각의 사례도시(미국의 보스톤, 영국의 글래스고우)를 선정하여 구체적 도심활성화 프로그램을 검토하였다.

김영환 · 백기영 · 오덕성(2003)은 1960년대 들어 산업구조의 변화로 인한 심각한 도심쇠퇴 문제에 직면하여 다양한 도심재생기법을 모색하여 적용하고 있는 영국의 쉐필드시를 중심으로 역사 · 문화환경의 조성, 보행자공간의 확충, 복합용도 개발의 활성화, 도심주거의 확보, 소매업 활성화, 첨단산업의 유치, 레저 · 스포츠시설의 유치 등의 도심재생 전략 기법을 고찰하여 그 특성을 도출하였다.

임양빈 · 최정우 · 오덕성(2003)은 도시개발을 추진하면서 기존 도심지역에 대하여 도심재생 정책을 추진한 주요 도시(보스턴, 볼티모어, 피츠버그)의 사례연구를 통하여, 주정부 및 지방정부 주도하에 도심재생 정책의 추진, 도심지역에 머무르는 시간을 연장하기 위한 노력, 도심 저소득층을 위한 주거단지의 재개발 추진, 경쟁관계에 있는 쇼핑센터를 도심의 주요 기능으로 채택, IT 산업을 중심으로 새로운 업무기능의 기반 출현 등을 통한 정책방향을 도출하였다.

이와 같은 도심연구의 경향에 있어 도심재생 관련 연구는 최근의 연구가 대부분이고 아직은 그 수가 적으며, 대부분 서울과 부산, 광주, 대구 등의 일부 대도시에 대한 연구가 주류를 이루고 있다. 또한 도심재생 방안의 제시보다는 쇠퇴현상의 진단에 대한 연구가 주류를 이루고 있다.

3. 분석틀의 설정

본 연구에서는 〈그림 2-5〉에서와 같이 분석의 대상을 도심지역 현황분석과 도심재생 정책분석으로 구분하였다. 먼저 도심지역 현황분석에서는 광주시 도심의 범위를 설정하고, 도심쇠퇴 분석과 도심여건 평가를 통해 도심문제가 발생하는 양상과 원인을 분석한다. 도심재생 정책분석에서는 도심재생을 위해 수립되었거나 실행 중인 구체적인 방안을 통해 도시기능 재생을 모색한다. 이를 위해 도심재생 사업분석에서는 분석틀에서 제시하고 있는 4가지 사업 분야별로 현재 실시하고 있는 중심사업을 선별하여 4가지 분석항목인 필요성과 효과성, 추진력과 실현성 측면에서 5점 척도로 평가한다. 또한 도심재생 사업 중 중점사업의 도출을 위해, 위에서 제시한 4개의 항목을 중요성과 사업성으로 유형화하고 이것을 두 축으로 하는 모형을 제시하여 사업의 우선순위와 중점사업에 대한 논의를 전개하고자 한다.

〈그림 2-5〉 분석틀

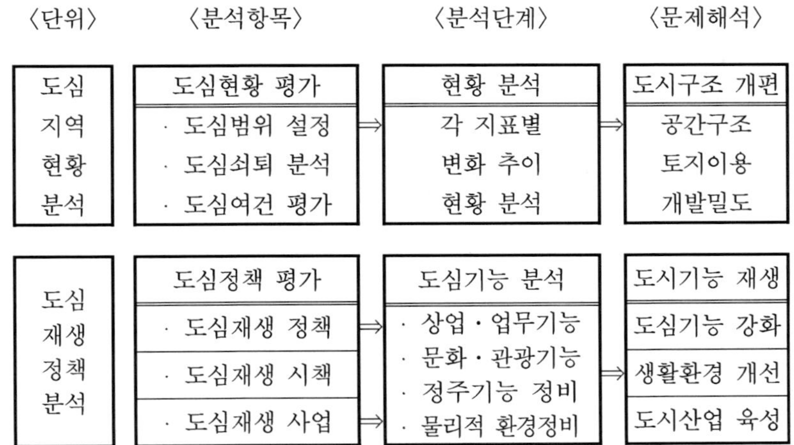

제3장 광주 도심의 현황분석

제1절 도심범위의 설정

1. 도심의 범위, 분석방법의 이론적 접근

도심의 경계를 설정하는 방법들은 일찍부터 여러 학자들에 의해서 제안된 바 있다. 대표적인 예로 스웨덴의 Stockholm시를 대상으로 분석한 윌리암과 올손(William-Olssen)은 건물의 총점포 임대료를 그 건물의 전면길이(length of the frontage)로 나눈 「점포임대지수(shop rent index)」라는 지표를 사용했다. 노르웨이의 Oslo시에 적용한 순드(Tore Sund)와 이사크센(Fridtjov Isachsen)은 점포임대료 대신 점포의 총매상고를 역시 건물 전면길이로 나눈 「매상지수(trade index)」를 측정하여 도심경계설정의 지표로 삼았다. 그러나 이들 기법들은 특정 도시에만 적용된 방법으로 이론상으로는 일반성이 없을 뿐 아니라 주로 판매기능만을 다룸으로써 도심의 또 다른 기능인 업무기능이나 다양한 서비스기능을 포괄할 수 없었다는 데 보다 근본적인 한계가 있다.

중심상업・업무지구(CBD)의 공간적 범위설정에 관한 연구를 개척한 머피(Murphy)와 반스(Vance)는 실질적으로 적용 가능한 경계설정방법으로 ① 인구분포 및 관련 현상을 기준으로 설정하는 방법, ② 지가 혹은 토지를 포함한 건물가격을 기준으로 하는 방법, ③ 토지이용 분석을 통한 설정방법 등 세 가지 방법이 있을 수 있다고 하였다. 이 가운데 앞의 두 가지 방법은 도심의 공동화현상으로 인해 상주인구가 적은 반면 주간의 보행통행량은 많고 또한 부동산 가격이 매우 높다는 점 등 도심부의 일반적인 특징을 지표화하여 CBD의 경계를 확인하는 일종의 간접적인 자료를 가지고 경계를 획정할 수 있다는 점에서 보다 설득력을 지닌다(김창석 외, 2000: 33~40).

2. 도심의 범위설정에 관한 기존 연구

가. 전남도청 이전대비 광주발전전략 연구(2001. 2)

광주광역시에서 시행한 광주·전남발전연구원(2001) 「전남도청 이전대비 광주발전전략 연구」에서 광주시 도심지역의 범위설정은 편의상 제1차 순환도로 내부공간으로 규정하였다. 즉, 도심지역에서도 중추업무기능(CBD)은 충장동과 서남동, 중앙동에 밀집되어 있으며, 업무 및 상업용도의 빌딩과 단독주택이 혼재되어 있다. 특히, 제1차 순환도로 주변지역은 대부분 주택이며, 노후화 된 한옥이 많이 남아 있다(광주·전남발전연구원, 2001: 64).

나. 광주광역시 도심활성화 방안 연구(2003. 3)

1) 분석대상지역의 설정

도심지역 범위설정을 위한 분석에 있어서 분석대상지역을 선정한 뒤, 분석결과에 따라 도심범위를 구체적으로 확정하였다. 분석대상지역도 광주의 공간구조상 중요한 의미를 갖는 제1차 순환도로로부터 반경 1㎞ 정도 범위 내부에 있는 모든 행정동을 임의로 선정하였다. 그 결과, 총 48개의 행정동(면적 43.73㎢)을 분석대상지역으로 선정하였다.

2) 도심지역 설정기준

① 중심업무집약도지수

도심지역의 공간적 범위를 획정하기 위해 머피(Murphy)와 반스(Vance)가 제안한 중심업무집약도지수(Central Business Intensity Index: CBII[1])를 사용하였다. 이러한 도심 경계설정의 기초가 되는 블록별 중심업무지수를 산출하기 위해서 상업, 업무, 공공, 금융용도를 중심 업무기능 즉, 도심기능으로 설정하고 전산화된 건축물대장 자료를 활용하여 분석대상지역에 해당되는 행정동에 대해 중심업무집약도지수를 분석하였다.

② 도시계획적 기준

광주광역시 도시계획은 1939년 도시계획을 근간으로 해서 발전하게 되며, 그 때부터 제1차 순환도로는 광주시의 도심범위를 규정해주는 중요한 물리적 요소로 작용하였다. 1995년 도시기본계획의 기본개념 중의 하나인 공간구조의 다핵화는 그 중심이 제1차 순환도로 내의 도심지역으로 되어있어서 제1차 순환도로는 구성요소로도 중요한 역할을 하고 있다.

③ 기타 설정기준

도심지역과 비도심지역의 주요 지점을 연결하는 도시의 간선도로와 지하철노선은 그 축을 따라 개발이 집중되는 점을 감안할 때 도심의 범위 설정

---

1) 중심업무집약도지수(CBII): 한 블록 내 건축물의 총연상면적 가운데 중심업무용 연상면적이 점유하는 비율을 %형태로 표현한 지수이다.
CBII=(중심업무용 연상면적 ÷ 총연상면적) × 100
(central business space) (total floor space)
머피(Murphy)와 반스(Vance)는 이들 지수를 산출하여, CBII값50 이상을 동시에 만족하는 블록의 집합체를 CBD의 공간적 범위로 간주하는 것이 적절하다고 제안하고 있다.

의 중요한 요소이다. 현재 광주 도심을 연결하는 동문로, 서문로, 남문로, 북문로, 상무로의 주요 간선도로와 도심을 관통하는 지하철 노선 등이 그 분석의 대상이다. 특히, 주요 간선도로는 비도심지역에서 도심지역 주위의 제1차 순환도로까지 교통흐름을 연결하고 있다.

시가지의 확산이 계속되고 있는 광주광역시 전체의 공간적 구조를 고려할 때, 1939년에 이미 계획된 제1차 순환도로는 도심지역을 순환하는 물리적 경계로 인식되고 있고, 일반시민의 인지적 측면에서도 구도심의 경계로 인식되고 있다(국토연구원, 2003: 18~20).

다. 도심활성화를 위한 문화시범도시(시범지구) 지정연구(2003. 7)

광주광역시에서 시행한 광주·전남발전연구원(2003) 「도심활성화를 위한 문화시범도시(시범지구) 지정 연구」에서 광주 도심은 국토연구원(2003) 「광주광역시 도심활성화 방안 연구」에서 제시한 도심지역을 수용하였다. 구체적으로 광주도심 설정방법은 먼저 제1차 순환도로로부터 반경 1㎞ 정도 범위 내부에 있는 총 48개의 행정동(면적 43.73㎢)을 분석대상지역으로 선정한 후 중심업무집중지수(CBII), 도시계획, 도시 축, 인지적 측면 및 관리의 효율성 등의 설정기준을 통해 광주 도심의 범위를 설정하였다.

도시계획상으로는 제1차 순환도로를 경계로 하여 도시가 발전되었기 때문에 토지이용, 도로, 교통, 환경 등의 연관성 역시 제1차 순환도로를 중심으로 형성되고 있으므로 기능적 공간구분에 결정적인 역할을 수행하고 있다고 보았다. 따라서 광주시 면적의 약 2.6%에 해당하는 제1차 순환도로 내부 13.16㎢를 광주 도심의 범위로 확정하였다. 이 범위에 공통적으로 해당되는 행정동은 7개동 중 충장동과 중앙동으로 도심지역에서 도심기능이 가장 많이 밀집된 지역이다(광주·전남발전연구원, 2003: 34).

3. 도심범위의 설정

도심의 범위설정은 그것 자체가 하나의 연구이므로 본 연구에서는 기존연구에서 구분한 범위를 원용한다. 광주 도심은 광주광역시에서 시행한 광주·전남발전연구원(2001) 「전남도청 이전대비 광주발전전략 연구」와 국토연구원(2003) 「광주광역시 도심활성화 방안 연구」, 그리고 광주·전남발전연구원(2003) 「도심활성화를 위한 문화시범도시(시범지구) 지정 연구」에서 제시한 도심지역을 수용하였다.

〈표 3-1〉 광주 도심지역의 행정동 구분

행정구	행 정 동
동 구	**충장동**, 동명동, 서남동, 계림1동, 계림2동, 산수1동
서 구	양동(양1동, 양2동), 양3동, 농성1동, 농성2동
남 구	월산동(월산1동, 월산2동, 월산3동), 월산4동, 월산5동, 양림동 사직동, 백운1동, 백운2동
북 구	임동, 신안동, **중앙동**, 중흥1동

주: ( )는 과거행정구역명, 볼드체는 도심중핵부임.

광주광역시는 〈그림 3-1〉과 같이 제1차 순환도로를 기준으로 도심지역과 비도심지역으로 구분하였으며, 도심지역은 도심의 중심업무집약도지수의 분석결과를 토대로 도심중핵부와 도심주변부로 구분하였다.

〈그림 3-1〉 도심지역의 공간구조

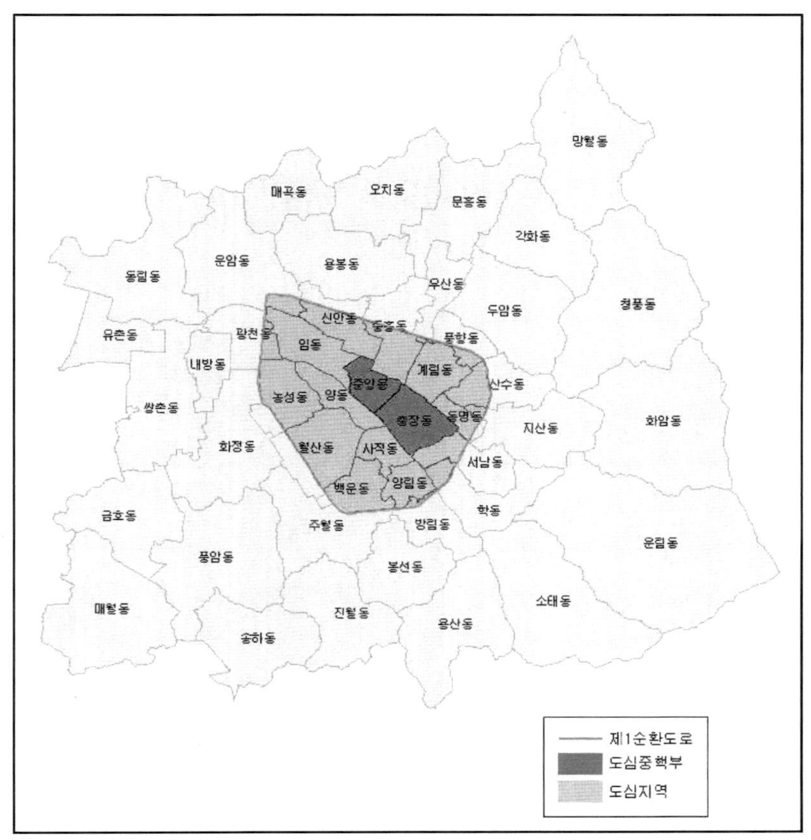

제2절 도심의 쇠퇴화 과정

1980년대 후반 이후 광주시 도심이 겪고 있는 변화의 일반적 양상과 원인을 분석한다. 이를 위해 인구, 산업, 주택 등 통계자료에 의한 객관적인 도심변화 양상을 파악하여 변화의 원인을 도출한다.

1. 도심의 인구변화

가. 광주시 인구변화

광주광역시의 인구는 다른 대부분의 도시들과 마찬가지로 꾸준한 증가세를 보이고 있으나 그 증가추세는 점차 둔화되고 있다. 〈표 3-2〉에서 보는 바와 같이 2002년 현재 광주시 인구는 1,401,525명으로 1980년 727,627명에 비해 2배 가까이 증가한 데 비해, 인구증가율은 1980~1990년 동안의 57.3%에서 1995~2002년 동안의 8.9%로서 상당히 둔화된 추세이다.

〈표 3-2〉 연도별 인구변화 추이

(단위: 명, %)

년도별	세대수	인구수	세대증가율	인구증가율	세대당 인구
1980	152,987	727,627	30.2	19.7	4.8
1985	202,586	906,129	32.4	24.5	4.5
1990	287,980	1,144,695	42.2	26.3	4.0
1995	379,621	1,287,134	31.8	12.4	3.4
2000	430,376	1,375,212	13.4	6.8	3.2
2002	449,469	1,401,525	4.4	1.9	3.1

주: 1990년까지는 상주인구 조사결과이며, 1991년 이후는 주민등록인구통계 결과임.
1988년 송정시, 광산군 편입.
자료: 광주광역시. (2003). 「통계연보」.

그 원인은 도시화의 포화단계로서 전반적인 사회안정과 총인구 증가율의 안정화, 주변농촌의 이출인구 소진, 토지 및 주택가격 상승에 의한 외곽지역으로의 이동 등에 의한 것으로 보인다. 한편, 세대수는 1980년 152,987세대에서 449,469세대로 약 3배 증가하였고, 세대당 인구수는 4.8명에서 3.1명으로 줄어들어 핵가족화 추세를 반영하고 있다.

나. 자치구별 인구변화

자치구별 인구변화를 살펴보면, 과거 광주시 인구의 40.8%를 차지했던 동구와 남구의 인구가 1990~2002년 동안 각각 38.6%, 19.4% 감소하여 전체 인구대비 25.9%로 인구비중이 낮아졌다. 반면, 서구와 북구의 인구는 같은 기간동안 55.4%, 33.8% 각각 증가하였으며, 특히 광산구는 2개 출장소 관할구역의 타구 편입에도 불구하고 127.7%의 증가율을 보이고 있다.

〈표 3-3〉 자치구별 인구변화 추이

(단위: 명, %)

년도별	합계	동구	서구	남구	북구	광산구
1990	1,144,695	191,802	202,935	275,100	353,112	121,746
2002	1,401,525	117,696	312,610	221,673	472,363	277,193
증감율	22.4	−38.6	54.0	−19.4	33.8	127.7

주: 남구인구는 1995년 서구에서 분구된 후 현재 행정동을 기준으로 산출함.
자료: 광주광역시. (2003). 「통계연보」.

이러한 현상은 광산구, 서구, 북구를 중심으로 대규모 택지개발이 이루어짐으로써 도심인구의 교외이동이 가속화된 것으로 원인을 파악할 수 있으며, 기존주택의 노후화와 신규 주택건설의 부진 등 거주유인의 부재도 중요한 원인으로 볼 수 있다. 나아가 이러한 공동화현상은 소비인구 감소에 의한 기존 상업기능의 교외이전을 가져와 전반적인 도심활력을 침체시키고, 전체 도심기능의 압출요인으로 작용하고 있다.

다. 도심지역 인구변화

한편, 도심지역의 인구는 2002년 현재 192,456명으로 광주시 전체의 13.7%를 차지하고 있으며, 가구수는 69,240가구로 전체의 15.4%를 차지하고 있다. 이러한 도심지역의 인구수는 1990년에 비해 43.9%로 급격한 인구감소를 나타내고 있으며, 광주시 전체 인구에서 차지하는 비율도 1990년 28.9%에서 13.7%로 급격하게 감소하였다. 도심지역의 인구밀도도 1990년 24,827명/㎢에서 2002년 13,191명/㎢으로 급격하게 감소하였다. 반면 비도심지역의 인구수는 50.9% 증가하였으며, 가구수도 86.0%로 급격하게 증가하였고, 인구밀도는 51.0% 증가하였다. 이러한 도심지역 인구의 감소원인은 1980년대 후반 이후 제1순환도로 밖에 동심원 상태의 대규모 아파트 중심의 주거단지 개발로 도심인구와 서비스시설의 이동으로 보인다.

특히, 전남도청과 충장로 일대의 상업지역인 동구 충장동의 도심중핵부는 1990년에 비해 65.2%의 급격한 인구감소를 나타내고 있으며, 그 외에도 동구 동명동·서남동, 서구 양동, 남구 양림동·월산동·백운2동, 북구 중앙동·임동이 각각 50% 이상의 인구감소를 겪는 등 도심지역에서의 인구공동화 현상이 상당히 심각하게 진행되고 있는 것으로 나타났다. 이 지역은 대부분 상업지역으로서 높은 지가로 택지개발이 어려운 상태이며, 적극적인 도시개발이 추진되지 않아 도심지역의 쇠퇴 과정에서 도시 기반시설의 노후화와 신규 투자요소가 없어 기존 도심지역 가운데 도심공동화를 겪고 있는 지역으로 볼 수 있다.

〈표 3-4〉 인구수, 가구수, 인구밀도, 가구당 인구 추이

(단위: 명, 가구)

구 분	인구수		가구수		인구밀도		가구당 인구	
	1990	2002	1990	2002	1990	2002	1990	2002
광주시	1,144,695	1,401,525	287,980	449,469	2,285.2	2,795.1	4.0	3.1
도 심	343,360	192,456	83,573	69,240	24,827.2	13,191.0	4.1	2.8
비도심	801,335	1,209,069	204,407	380,229	1,645.1	2,483.6	3.9	3.2

자료: 광주광역시. (1991·2003). 「통계연보」.

라. 인구구성 변화

광주시 전체 인구에서 65세 이상 노인인구가 차지하는 비율이 1992년 4.5%에서 1995년 4.8%, 2000년 5.6%로 완만한 증가세를 보이고 있는 반면, 도심지역에서는 1992년 4.5%에서 1995년 5.3%, 2000년 7.4%로 상대적으로 노인층의 인구비가 급격하게 증가하고 있어 인구의 노령화현상이 나타나고 있음을 알 수 있다.

이를 통해 도심지역은 비도심지역보다 영유아 인구가 적고, 고령인구가 많은 현상은 더욱 심화되고 있다. 도심지역 내에서도 도심주변부가 도심중핵부보다 영유아 인구비율이 점점 높아지고 있으며, 도심중핵부의 노령인구비율이 높은 것으로 보인다.

〈표 3-5〉 연령별 인구구성 비교

(단위: 명, %)

구 분	1995			2000		
	0~14세	15~64세	65세 이상	0~14세	15~64세	65세 이상
광주시	322,768	900,755	62,110	317,783	976,801	77,325
	25.1	70.1	4.8	23.2	71.2	5.6
도 심	59,756	213,450	15,225	35,868	170,204	16,364
	20.7	74.0	5.3	16.1	76.5	7.4
비도심	263,012	687,305	46,885	281,915	806,597	60,961
	26.4	68.9	4.7	24.5	70.2	5.3

자료: 광주광역시. (2001). 「통계연보」.

2. 산업현황

가. 총사업체수와 종사자수 현황

2002년 기준 도심지역의 사업체[2])수는 27,615개가 있으며, 광주시 전체의 29.6%를 차지하고 있다. 종사자수[3])는 128,115명으로 광주시 전체의

2) 사업체란, 영리·비영리 또는 개개의 상점, 사무소, 영업소, 은행, 학교, 병원, 여관, 식당, 각종 교습소, 교회, 사찰, 공공기관, 사회복지시설 등과 같이 일정한 장소에서 재화의 생산 또는 서비스 제공 등의 경제활동을 영위하고 있는 모든 경영단위를 말한다.

3) 해당 사업체의 실제 조업기간 중 월평균 종사자수를 말한다. ① 자영업주: 동업자를 포함한 개인사업체의 소유주를 말한다. ② 무급가족 종사자: 자영업주의 가족으로서 정규 작업(영업) 시간의 1/3 이상 종사하나, 봉급이나 임금을 받지 않는 자를 말한다. ③ 상용종사자: 고용주와 1년 이상의 고용계약을 맺고 일정한 급여를 받는 자를 말하며, 자영업주를 제외한 모든 유급임원도 여기에 포함한다. ④ 임시 및 일일종사자: 고용주와 1년 미만 고용되었거나 일일수당제로 고용된 자를 말한다. ⑤ 무급종사자: 일정한 급여를 받지 않고 주로

30.8%에 해당하며, 업체당 평균 4.6명이 종사하고 있는 것으로 나타났다.

총사업체수와 종사자수의 변화추이를 보면, 1995년에 비해 광주시 전체의 사업체수는 20.3%, 종사자수는 22.3% 증가하였지만, 도심지역의 사업체수는 6.9%, 종사자수는 3.8% 감소하였다. 또한 광주시 전체에서 차지하는 비중도 사업체수는 8.7%, 종사자수는 8.3% 감소하였다.

이러한 도심지역 전산업 종사자의 감소추세는 일자리의 감소 이외에도 도심기능의 분산이 주요 원인으로 볼 수 있다. 이러한 도심지역 산업활동의 감소는 다른 지역으로의 공간적 축소 또는 이전을 수반하게 된 것으로 볼 수 있다.

〈표 3-6〉 전산업 사업체수와 종사자수 변화추이

(단위: 개, 명, %)

구 분	사업체수		종사자수	
	1995	2002	1995	2002
광주시	77,443 100.0	93,161 100.0	340,554 100.0	416,398 100.0
도 심	29,656 38.3	27,615 29.6	133,214 39.1	128,115 30.8
비도심	47,787 61.7	65,546 70.4	207,340 60.9	288,283 69.2

자료: 광주시·동구·서구·남구·북구·광산구. (1996·2003). 『사업체기초통계조사 보고서』.

나. 주요 제조업 현황

도심지역에 입지하고 있는 제조업체는 2,451개로 광주시 전체 제조업체의 32.6%를 차지하고 있지만, 종사자는 7,563명으로 12.1%에 불과해 그 비중이 상대적으로 크지 않을 뿐 아니라, 업체당 평균 3.1명이 종사하고 있는

고객의 봉사료 또는 판매실적에 따라 판매수수료만을 받는 자를 말한다(예: 외판원, 배달원, 무보수 근무자 등).

것으로 분석되어 소규모 영세업체가 대부분인 것으로 나타났다.

제조업 변화추이는 1995년에 비해 광주시 전체의 사업체수는 11.6%, 종사자수는 2.0% 증가하였지만, 도심지역의 사업체수는 11.5%, 종사자수는 34.3% 감소하였다. 또한 광주시 전체 제조업에서 차지하는 비중도 사업체수는 8.6%, 종사자수는 6.7% 감소하였다.

〈표 3-7〉 제조업 사업체수와 종사자수 추이

(단위: 개, 명, %)

구 분	사업체수		종사자수	
	1995	2002	1995	2002
광주시	6,731 100.0	7,514 100.0	61,365 100.0	62,615 100.0
도 심	2,771 41.2	2,451 32.6	11,506 18.8	7,563 12.1
비도심	3,960 58.8	5,063 67.4	49,859 81.2	55,052 89.9

자료: 광주시·동구·서구·남구·북구·광산구. (1996·2003). 「사업체기초통계조사 보고서」.

도심지역 제조업을 업종별로 살펴보면 음·식료품제조업이 354개(23.7%), 봉제의복제조업이 548개(69.0%), 출판·인쇄업체이 503개(82.1%), 가구 및 기타 업종이 321개(41.4%)로 높은 집적도를 보이고 있다. 특히, 봉제·의복제조업체의 38.8%가 동구 충장동에, 출판·인쇄업체의 55.0%가 서남동에 입지하고 있어 도심산업의 활성화를 위해서는 이러한 전통산업의 활성화가 필요할 것으로 보인다. 업종별로 도심지역의 비중을 보면 봉제의복제조업, 출판·인쇄업, 음·식료품제조업, 가구 및 기타 업종의 순으로 나타나고 있다. 도심중핵부에 입지하고 있는 대표적인 업종은 봉제·의복업으로 348개이며, 도심주변부에 입지하고 있는 대표적인 업종은 출판·인쇄업으로 434개 업체가 입지하고 있다.

1) 음・식료품 제조업 현황

도심지역에 입지하고 있는 음・식류품 제조업체는 354개로 광주시 전체의 23.7%를 차지하고 있지만, 종사자는 683명으로 12.7%에 불과해 그 비중이 상대적으로 크지 않을 뿐 아니라, 업체당 평균 1.9명으로 소규모 영세업체가 대부분인 것으로 나타났다.

음・식류품 제조업체 변화추이는 1995년에 비해 광주시 전체의 사업체수는 32.4%, 종사자수는 0.4% 증가하였고, 도심지역의 사업체수는 30.1%, 종사자수는 7.7% 증가하였다. 광주시 전체 음・식류품 제조업체에서 차지하는 비중은 사업체수가 0.4% 증가하였고, 종사자수는 0.9% 감소하였다.

〈표 3-8〉 음・식류품 제조업 사업체수와 종사자수 변화추이

(단위: 개, 명, %)

구 분	사업체수		종사자수	
	1995	2002	1995	2002
광주시	1,128	1,493	5,371	5,391
	100.0	100.0	100.0	100.0
도 심	272	354	634	683
	24.1	23.7	11.8	12.7
비도심	856	1,139	4,737	4,708
	75.9	76.3	88.2	87.3

자료: 광주시・동구・서구・남구・북구・광산구. (1996・2003). 「사업체기초통계조사 보고서」.

2) 봉제・의복 제조업 현황

도심지역에 입지하고 있는 봉제의복 제조업체는 548개로 광주시 전체의 69.0%를 차지하고 있고, 종사자는 1,199명으로 56.8%를 차지하고 있으며, 업체당 평균 2.2명이 종사하고 있다.

봉제의복 제조업체 변화추이는 1995년에 비해 광주시 전체의 사업체수는 39.3%, 종사자수는 43.0% 감소하였고, 도심지역의 사업체수는 34.6%, 종사자수는 45.3% 감소하였다.

대표적인 도심산업인 봉제·의복 제조업체는 충장동이 차지하는 비중이 1995년 34.8%에서 2002년 38.8%로 증가하여 상대적인 집중현상을 보였으나, 같은 기간에 충장동에서만 148개의 업체가 감소하고 광주시 전체에서 514개 업체가 감소하여 전반적인 쇠퇴현상을 보이고 있다. 이러한 봉제·의복 제조업체의 감소는 대형백화점의 개점과 중저가 기성복 공급에 의한 소비패턴의 변화에 따른 감소로 보인다.

〈표 3-9〉 봉제·의복 제조업 사업체수와 종사자수 변화추이

(단위: 개, 명, %)

구 분	사업체수		종사자수	
	1995	2002	1995	2002
광주시	1,308 100.0	794 100.0	3,703 100.0	2,110 100.0
도 심	838 64.1	548 69.0	2,193 59.2	1,199 56.8
비도심	470 35.9	246 31.0	1,510 40.8	911 43.2

자료: 광주시·동구·서구·남구·북구·광산구. (1996·2003). 「사업체기초통계조사보고서」.

3) 출판·인쇄업 현황

도심지역에 입지하고 있는 출판·인쇄업체는 503개로 광주시 전체의 82.1%를 차지하고 있고, 종사자는 1,991명으로 68.0%를 차지하고 있어, 그 비중이 상대적으로 높은 것으로 나타났으며, 업체당 평균 4.0명이 종사하고 있다.

출판·인쇄업체 변화추이는 1995년에 비해 광주시 전체의 사업체수는 18.1%, 종사자수는 1.9% 증가하였고, 도심지역의 사업체수는 5.5%, 종사자수는 10.5% 증가하였다. 전체 출판·인쇄업에서 차지하는 비중은 사업체수가 9.8% 감소하였고, 종사자수는 5.3% 증가하였다. 대표적인 도심산업

인 출판·인쇄업체는 서남동이 차지하고 있는 비중이 1995년 47.4%에서 57.6%로 107개가 증가하였다. 그 원인은 인쇄업이 집적입지 경향이 강하고 영세자본으로 쉽게 창업할 수 있기 때문에 IMF 이후 구조조정에 의한 실업자의 인쇄업 창업증가가 원인으로 보인다.

〈표 3-10〉 출판·인쇄업 사업체수와 종사자수 변화추이

(단위: 개, 명, %)

구 분	사업체수		종사자수	
	1995	2002	1995	2002
광주시	519 100.0	613 100.0	2,872 100.0	2,926 100.0
도 심	477 91.9	503 82.1	1,802 62.7	1,991 68.0
비도심	42 8.1	110 17.9	1,070 37.3	935 32.0

자료: 광주시·동구·서구·남구·북구·광산구. (1996·2003).「사업체기초통계조사 보고서」.

4) 가구 및 기타 업 현황

도심지역에 입지하고 있는 가구 및 기타 업체는 321개로 광주시 전체의 41.4%를 차지하고 있고, 종사자는 611명으로 26.6%를 차지하고 있으며, 업체당 평균 1.9명이 종사하고 있다.

가구 및 기타 업체 변화추이는 1995년에 비해 광주시 전체의 사업체수는 3.2%, 종사자수는 4.5% 감소하였고, 도심지역의 사업체수는 1.5%, 종사자수는 21.2% 감소하였다. 광주시 전체 가구 및 기타 업에서 차지하는 비중은 사업체수가 0.8% 증가하였고, 종사자수는 5.6% 감소하였다.

〈표 3-11〉 가구 및 기타 업 사업체수와 종사자수 변화추이

(단위: 개, 명, %)

구 분	사업체수		종사자수	
	1995	2002	1995	2002
광주시	802 100.0	776 100.0	2,404 100.0	2,297 100.0
도 심	326 40.6	321 41.4	775 32.2	611 26.6
비도심	476 59.4	455 58.6	1,629 67.8	1,686 73.4

자료: 광주시·동구·서구·남구·북구·광산구. (1996·2003). 「사업체기초통계조사 보고서」.

다. 주요 서비스업 현황

1) 주요 서비스업체 현황

광주 도심에 입지하고 있는 주요 서비스업체는 14,825개로 광주시 전체 주요 서비스업체의 32.1%를 차지하고 있고, 종사자는 55,990명으로 36.5%를 차지하고 있으며, 업체당 평균 3.8명이 종사하고 있는 것으로 나타났다.

주요 서비스업 변화추이는 1995년에 비해 광주시 전체의 사업체수는 3.6%, 종사자수는 11.7% 증가하였지만, 도심지역의 사업체수는 20.0%, 종사자수는 19.4% 감소하였다. 또한 광주시 전체 주요 서비스업에서 차지하는 비중도 9.5%, 14.1% 감소하였다.

주요 서비스업의 업종별 변화추이를 보면 도심중핵부인 충장동에서 도매 및 소매업이 272개, 숙박 및 음식점업이 228개가 감소하였는데, 이는 대형 백화점과 할인점 개점에 의한 도·소매업의 위축과 자가용 대중화 및 도시 외곽의 대규모 주거단지 등에 숙박·음식업이 분산된 결과라 할 수 있다.

이와 같이 도심지역에서 신흥 개발지역으로의 인구이동에 따라 서비스업을 중심으로 일자리 감소와 상권이동이 두드러지게 나타나고 있음을 알 수 있다.

〈표 3-12〉 주요 서비스업 사업체수와 종사자수 변화추이

(단위: 개, 명, %)

구 분	사업체수		종사자수	
	1995	2002	1995	2002
광주시	44,565 100.0	46,156 100.0	137,272 100.0	153,301 100.0
도 심	18,522 41.6	14,825 32.1	69,508 50.6	55,990 36.5
비도심	26,043 58.4	31,331 67.9	67,764 49.4	97,311 63.5

자료: 광주시·동구·서구·남구·북구·광산구. (1996·2003). 「사업체기초통계조사보고서」

2) 도매 및 서비스업 현황

광주 도심에 입지하고 있는 도매 및 서비스업체는 9,031개로 광주시 전체 도매 및 서비스업체의 33.6%를 차지하고 있고, 종사자는 27,780명으로 33.7%를 차지하고 있으며, 업체당 평균 3.1명이 종사하고 있는 것으로 나타났다.

도매 및 서비스업 변화추이는 1995년에 비해 광주시 전체의 사업체수는 8.5% 감소하였지만, 종사자수는 1.9% 증가하였다. 반면 도심지역의 사업체수는 24.8%, 종사자수는 23.8% 감소하였다. 또한 광주시 전체 도매 및 서비스업에서 차지하는 비중도 각각 7.2%, 11.4% 감소하였다.

〈표 3-13〉 도매 및 소매업 사업체수와 종사자수 변화추이

(단위: 개, 명, %)

구 분	사업체수		종사자수	
	1995	2002	1995	2002
광주시	29,384 100.0	26,887 100.0	80,769 100.0	82,320 100.0
도 심	12,002 40.8	9,031 33.6	36,440 45.1	27,780 33.7
비도심	17,382 59.2	17,856 66.4	44,329 54.9	54,540 66.3

자료: 광주시·동구·서구·남구·북구·광산구. (1996·2003). 「사업체기초통계조사보고서」

3) 숙박 및 음식점업 현황

광주 도심에 입지하고 있는 숙박 및 음식점업체는 5,099개로 광주시 전체 숙박 및 음식점업체의 28.3%를 차지하고 있고, 종사자는 14,458명으로 28.3%를 차지하고 있으며, 업체당 평균 2.8명이 종사하고 있는 것으로 나타났다.

숙박 및 음식점업 변화추이는 1995년에 비해 광주시 전체의 사업체수는 29.1%, 종사자수는 51.7% 증가하였지만, 도심지역의 사업체수는 10.4%, 종사자수는 2.2% 감소하였다. 또한 광주시 전체 숙박 및 음식점업에서 차지하는 비중도 각각 12.4%, 15.6% 감소하였다.

광주시 전체 숙박 및 음식점업체수는 1995년 13,968개에서 2002년 18,033개로 4,065개 증가하였다. 이는 도시공간 확장에 따른 업체수의 증가로 보인다. 그러나 중심업무지구인 충장동과 중심업무 주변지구인 서남동의 경우 감소추세이다. 이러한 현상은 도시공간의 확장으로 전체 업체수는 증가하였으며, 도심 내 업체는 외부로 이전했기 때문이다.

〈표 3-14〉 숙박 및 음식점업 사업체수와 종사자수 변화추이

(단위: 개, 명, %)

구 분	사업체수		종사자수	
	1995	2002	1995	2002
광주시	13,968 100.0	18,033 100.0	33,723 100.0	51,163 100.0
도 심	5,690 40.7	5,099 28.3	14,788 43.9	14,458 28.3
비도심	8,278 59.3	12,934 71.7	18,935 56.1	36,705 71.7

자료: 광주시·동구·서구·남구·북구·광산구. (1996·2003). 「사업체기초통계조사보고서」

4) 금융 및 보험업 현황

광주 도심에 입지하고 있는 금융 및 보험업체는 695개로 광주시 전체 금융 및 보험업체의 56.2%를 차지하고 있고, 종사자는 13,752명으로 69.4%를 차지하고 있으며, 업체당 평균 19.8명이 종사하고 있는 것으로 나타났다.

금융 및 보험업 변화추이는 1995년에 비해 광주시 전체의 사업체수는 1.9% 증가하였지만, 종사자수는 13.0% 감소하였다. 반면 도심지역의 사업체수는 16.3%, 종사자수는 24.8% 감소하였다. 또한 광주시 전체 금융 및 보험업에서 차지하는 비중도 각각 12.2%, 10.8% 감소하였다.

광주시 전체로는 1995년에 비해 약간 증가한 반면 도심핵심부인 충장동의 경우 498개이던 것이 319개로 179개(35.9%)나 감소되었는데, 이는 도시외곽의 대규모 아파트단지에 새로운 금융점포가 증가한 반면 금융위기와 구조조정 과정에서 도심권 내의 점포들이 외곽으로 이전하거나 통·폐합된 결과로 보인다.

〈표 3-15〉 금융 및 보험업 사업체수와 종사자수 변화추이

(단위: 개, 명, %)

구 분	사업체수		종사자수	
	1995	2002	1995	2002
광주시	1,213 100.0	1,236 100.0	22,780 100.0	19,818 100.0
도 심	830 68.4	695 56.2	18,280 80.2	13,752 69.4
비도심	383 31.6	541 43.8	4,500 19.8	6,066 30.6

자료: 광주시·동구·서구·남구·북구·광산구. (1996·2003). 「사업체기초통계조사보고서」

3. 토지이용 현황

가. 용도지역 현황

광주광역시의 전체 도시계획 구역면적 744.22㎢ 중 주거지역은 8.9%, 상업지역 1.1%, 공업지역 2.8%, 녹지지역은 87.1%로 구성되었다. 도심지역

은 주거지역과 상업지역이 90.1%를 차지하고 있으나, 비도심지역은 8.6%에 불과하다. 특히 중심상업지역은 도심에서 10.6%를 점유하나 비도심지역에서는 0.2%에 불과하다.

도시계획상의 도심지역 내 상업지역 면적비중은 광주시 전체 상업지역 면적의 42.5%를 차지하고 있다. 특히, 충장로, 금남로를 중심으로 하는 중심상업지역의 면적은 약 1.40㎢으로서 광주시 전체 중심상업지역 면적의 50%를 차지한다.

〈표 3-16〉 도시계획상 용도지역 현황

(단위: ㎢, %)

구 분	주거지역	상업지역	공업지역	녹지지역	총계
광주시	66.20	8.48	21.19	648.35	744.22
	8.9	1.1	2.8	87.1	100.0
도 심	8.32	3.60	0.30	1.01	13.23
	62.9	27.2	2.3	7.6	100.0
비도심	57.88	4.88	20.89	647.34	730.99
	7.9	0.7	2.9	88.6	100.0

자료: 광주광역시. (2002). 「통계연보」.

나. 택지개발사업

광주시의 경우, 1980년부터 계속되는 도시인구집중은 주택문제를 심화시키고 이에 따른 지가상승과 부동산 투기는 심각한 사회문제로 대두됨에 따라 1981년에 제정된 택지개발촉진법에 의해서 대규모의 서민주택 공급과 개발이익의 환수를 목적으로 본격적으로 택지개발을 시행하였다.

〈표 3-17〉 택지개발 예정지구 현황(시행 중인 지구)

(단위: 천㎡, 호)

구 분	지구지정	면 적	호 수	구 분	지구지정	면 적	호 수
염 주	81. 6. 11	546	3,640	풍 암	91. 4. 24	2,056	18,814
두 암	82. 9. 15	174	900	신 창	92. 9. 4	1,313	10,327
봉 선	83. 6. 28	126	872	수 완	96. 4. 24	4,680	27,643
우 산	83. 6. 28	234	1,100	동림2	97. 7. 22	599	7,389
방 림	84. 4. 11	329	2,278	상무3	93. 7. 23	131	188
하 남	84. 9. 17	1,807	14,832	선 운	96. 4. 24	639	4,171
쌍 촌	85. 7. 31	329	3,941	하남2	99. 7. 31	1,025	6,129
문 흥	89. 12. 29	1,157	11,115	진 월	02. 6. 28	659	5,000
일 곡	89. 12. 29	1,473	10,022	전 체		17,277	128,361

자료: 대한주택공사. (2003). 「주택통계편람」. 282~283.

그러나 도시 외곽지역 및 신시가지에서의 택지개발이 계속되고 있어서, 도심지역 내 재개발 관련 사업의 경제적 타당성을 확보하기가 용이하지 않다. 이로 인해 민간기업의 참여가 저조하다.

다. 도심재개발사업

도심재개발사업은 도시계획의 용도지역이 상업지역으로서 기존도심의 상업기능을 활성화하기 위하여 추진하는 사업으로 "도시재개발법"에 근거를 두고 있다. 이러한 도심재개발사업은 도심공동화 현상으로 쇠퇴해진 기능을 회복하기 위한 것으로 외부시가지와 신도심지역과의 차별화된 공간과 기능 중심으로 개발하고자 하는 사업이다.

도심 재개발구역은 주로 도심중핵부 부근에 위치해 있으며, 도심형 산업(인쇄, 제조업 등)과 노후주택이 혼재해 있는 양상을 보이고 있다. 지역 내 기반시설이 미비하고 노후해서 도심중핵부의 배후지역에서 역할을 제대로 수행하지 못하고 열악한 주거환경으로 도심공동화 현상이 일어나고 있다. 지리적으로 좋은 위치에 있으면서도 높은 지가로 인한 수익성 저하와 재래상권에 대한 재정착이 불투명하여 사업진행의 어려움이 있다.

〈표 3-18〉 도심 재개발구역 현황

구 역	면 적	건축물 현황					
		동수(동)	연면적(㎡)	용적률(%)	용도(%)		
					주거	상업·업무	기타
대인구역	66,042	205	100,838	190.9	28.8	67.8	3.1
동명구역	26,931	72	19,252	120.4	36.1	58.3	5.6
금동구역	165,184	700	223,646	157.1	51.0	46.1	2.9
학동1구역	75,624	228	63,300	115.3	58.3	40.4	1.3
학동2구역	32,321	85	22,087	123.5	44.7	52.9	2.4
계림1구역	47,457	204	41,335	119.5	63.2	35.8	1.0
계림2구역	14,986	68	15,209	135.4	64.7	30.9	4.4
계림3구역	60,248	333	51,739	107.3	66.7	32.1	1.2
양동1구역	51,008	211	20,801	80.3	78.7	19.4	1.9
임동구역	94,243	552	62,380	84.8	85.7	12.5	1.8
북동구역	121,542	457	115,953	117.4	63.5	32.6	3.9
누문구역	113,846	385	114,977	133.3	55.8	38.4	5.7
유동구역	6,710	37	12,507	225.0	73.0	27.0	0.0

자료: 광주광역시. (2003).

라. 주택재개발사업

주택재개발은 도시 저소득 주민의 노후하고 불량한 주택이 밀집해있는 지역의 주거환경을 개선하고 기존도심의 기능회복을 위하여 추진하는 사업으로 1989년부터 추진하여 왔다. 이 사업의 근거는 "도시저소득 주민의 주거환경개선을 위한 임시조치법"에 두고 있으며, 지구지정, 개선계획 수립, 사업시행, 준공의 절차를 거쳐 시행하고 있다. 광주광역시의 주택재개발사업은 총 21개 구역이 있으며 총면적은 1,604,535㎡이다. 사업유형별로는 전면재개발이 6개 구역이고 수복재개발방식이 15개 구역으로 되어 있다. 양동3구역과 계림5구역은 1993년의 광주도시재개발기본계획상의 시범구역으로서 1단계(1994~2001년)사업으로 계획되었고 기타 구역은 2001년 이후 재검토하기로 하였다.

〈표 3-19〉 주택재개발구역 현황

구 역	면 적	건축물 현황					
		동수 (동)	연면적 (㎡)	용적률 (%)	용도(%)		
					주거	상업·업무	기타
계림4구역	39,346	211	19,894	68.2	90.5	9.0	0.5
계림5구역	99,652	489	39,456	57.8	83.6	15.6	0.8
계림6구역	26,936	151	13,868	67.8	73.5	25.2	1.3
학동3구역	65,811	274	47,971	10.4	77.0	21.2	1.8
학동4구역	108,955	467	65,508	77.2	78.8	19.9	1.3
학동5구역	63,325	396	33,615	69.5	83.1	14.9	2.0
지산1구역	37,050	177	23,944	80.8	83.1	16.4	0.6
지산2구역	65,193	296	43,830	83.2	85.1	14.2	0.7
월산1구역	34,276	189	20,495	81.7	86.2	11.6	2.1
월산2구역	154,282	696	65,915	60.2	90.2	8.2	1.6
월산3구역	39,755	191	24,379	78.6	85.3	14.1	0.5
양림구역	77,415	407	37,260	61.68	89.7	9.3	1.0

자료: 광주광역시. (2003).

4. 주거환경 현황

가. 주택 현황

1970년대 고도성장기 때에 도심집중화 현상이 일어나고 인구가 급속도로 증가하여 도심지역 내에 주거지가 팽창하기 시작하였다. 1980년대를 지나면서 신시가지 개발로 인해 도심기능의 다양화가 이루어짐에 따라 도심지역의 주거지도 쇠퇴하기 시작하였다. 광주시의 주택수는 1990년 대비 2000년에 2.01배로 증가하였으나 도심지역은 4.3%가 감소하였다. 반면, 비도심지역의 급속한 주택수 증가는 1990년에서 2000년 사이에 비도심지역 내 택지개발이 이루어진 결과라 할 수 있다.

광주시 전체 주택증가율에 비해 도심지역의 주택수가 상대적으로 감소하는 현상은 주로 상무지구와 같은 신시가지 개발이나 비도심지역에서 이루어지는 택지개발에 기인한 것으로 보이며, 이로 인해 도심지역의 주거인구가 비도심지역으로 상당부분 유출되었다.

〈표 3-20〉 주택수 변화추이

(단위: 호, %)

구 분	1990	1995	2000
광주시	161,071 100.0	244,060 100.0	324,337 100.0
도 심	46,296 28.7	45,138 18.5	44,283 13.7
비도심	114,775 71.3	198,922 81.5	280,054 86.3

자료: 통계청. (1990 · 1995 · 2000). 「인구주택총조사보고서」.

나. 주택종류 변화

광주시 전체에서 단독주택은 1990년 63.3%를 차지했으나, 2000년에는 27.9%에 불과하여 단독주택의 급속한 감소를 나타내고 있다. 반면 도심지역에서는 단독주택 비율이 1990년 77.9%에서 2000년 67.0%로 변화함으로써 광주시 전체에 비해 상대적으로 크지 않다.

〈표 3-21〉 주택종류 변화

(단위: 호)

구 분		1990	1995	2000
광주시	단 독	101,894	95,216	90,550
	아 파 트	48,251	131,248	218,524
	연 립	4,525	6,250	3,892
	다 세 대	284	552	764
	비주거용건물	6,117	10,794	10,607
도 심	단 독	36,087	31,451	29,670
	아 파 트	5,924	7,492	9,831
	연 립	932	1,013	879
	다 세 대	44	224	330
	비주거용건물	3,309	4,958	3,573
비도심	단 독	65,807	63,765	60,880
	아 파 트	42,327	123,756	208,693
	연 립	3,593	5,237	3,013
	다 세 대	240	328	434
	비주거용건물	2,808	5,836	7,034

자료: 통계청. (1990·1995·2000). 「인구주택총조사보고서」.

다. 도심지역 주거용 건물 노후도

도심 내 주거용 건물의 노후도는 전체 30,568동 중 11,381동(37.2%)이 20~30년인 것으로 파악되었고 30년 이상 경과한 주거용 건물도 1,968동(6.4%)을 차지하여 도심 내 주거용 건물은 상당히 노후화되었음을 알 수 있다. 특히 이러한 건축물들이 밀집되어 있는 지역은 슬럼화가 우려된다. 과반수의 주택이 노후주택으로 분류되는 점에서 주택부문의 정비가 요구되고 있다.

〈표 3-22〉 도심지역 주거용 건물 노후도

(단위: %)

구 분	합 계	10년 이하	10~20년	20~30년	30년 이상	기 타	평 균
전 체	99,443	12,283 12.4	25,548 25.7	26,513 26.7	8,553 8.6	26,546 26.7	20.4
도 심	30,568	1,781 5.8	5,248 17.1	11,381 37.2	1,968 6.4	10,191 33.3	20.8
비도심	68,875	10,502 15.3	20,300 29.5	15,132 22.0	6,586 10.0	16,355 23.8	20.3

주: 기타는 대장 미기재, 평균노후도에는 기타 항목 제외.
자료: 광주광역시. (2003).

제3절 도심여건에 관한 인식

지방 대도시가 처한 도심의 상황분석을 위해 관련 공무원, 자영업 종사자, 지역주민의 인식과 행태를 통해 주관적인 도심변화 상황과 수준을 파악하고, 이를 근거로 도심기능의 활성화 방안을 제시하고자 363명을 대상으로 설문조사를 실시하였다. 설문조사의 결과는 도심재생을 위한 기본방향과 전략을 모색하는 수단으로 활용하였다.

1. 도심쇠퇴와 활성화에 관한 의식

가. 도심지역 쇠퇴현상의 심각성

도심지역의 쇠퇴현상이 심각하다고 생각하느냐는 질문에 “매우 심각하다” 78명(21.5%), “심각하다” 184명(50.7%)으로 262명(72.2%)이 도심지역의 쇠퇴현상이 심각하다고 생각하는 것으로 나타났다. 이 중 자영업 종사자가 105명(86.8%)으로 가장 높았으며, 관련 공무원이 92명(76.1%), 지역주민이 65명(53.7%)이고, 조사대상에 따른 도심지역 쇠퇴현상의 심각성에 대한 인식에 유의미한($p<0.05$) 차이가 있는 것으로 나타났다. 이는 특히, 자영업 종사자의 경우 상업활동을 통한 수익의 감소 등 도심쇠퇴 현상에 대한 심각성을 가장 크게 느끼는 대상인 것으로 간주된다.

〈표 3-23〉 도심지역 쇠퇴현상의 심각성

(단위: 명, %)

구 분	자영업종사자	지역주민	관련 공무원	전 체
매우 심각하다	33(27.3)	16(13.2)	29(24.0)	78(21.5)
심각하다	72(59.5)	49(40.5)	63(52.1)	184(50.7)
보통이다	12(9.9)	38(31.4)	26(21.5)	76(20.9)
심각하지 않다	4(3.3)	17(14.0)	3(2.5)	24(6.6)
전혀 심각하지 않다	0(0.0)	1(0.8)	0(0.0)	1(0.3)
합 계	121(100.0)	121(100.0)	121(100.0)	363(100.0)

χ^2=41.076, df=8, p=0.000.

응답자의 대부분이 타 도심, 부도심에 비하여 구도심의 경우 각종 공공 및 문화시설 여건과 환경이 열악하고 각종 문화 지원 인프라가 부족한 현상으로 도심지역 쇠퇴현상이 상당히 심각하다고 인식하고 있는 것으로 나타났다.

나. 도심지역 활성화 사업의 필요성

도심지역의 활성화 사업이 필요하다고 생각하느냐는 질문에 "매우 필요하다" 119명(32.8%), "필요하다" 197명(54.3%)으로 316명(87.1%)이 도심지역의 활성화 사업이 필요하다고 생각하는 것으로 나타났다. 이 중 자영업종사자가 115명(95.0%)으로 가장 높았으며, 관련 공무원이 110명(90.9%), 지역주민이 91명(75.2%)이고, 이러한 차이는 유의미한($p<0.05$) 것으로 나타났다. 도심지역 활성화 사업의 필요성에 있어서도 생업과 연결된 자영업

종사자들이 도심활성화 사업에 대한 기대치가 가장 높은 것으로 판단된다. 관련 공무원 집단의 경우도 도심지역 활성화 사업의 빠른 시행에 대해 공감하고 있는 것으로 나타났다.

즉, 도심지역의 활성화 사업에 대한 필요성에 절대 다수가 사업의 필요성을 인식하고 있다. 그러나 이 중에서도 주민보다는 자영업종사자들과 관련 공무원 집단의 도심활성화 사업에 대한 필요성의 인식이 상대적으로 높은 것으로 생각된다.

〈표 3-24〉 도심지역 활성화 사업의 필요성

(단위: 명, %)

구 분	자영업종사자	지역주민	관련 공무원	전 체
매우 필요하다	46(38.0)	29(24.0)	44(36.4)	119(32.8)
필요하다	69(57.0)	62(51.2)	66(54.5)	197(54.3)
보통이다	4(3.3)	21(17.4)	5(4.1)	30(8.3)
필요하지 않다	2(1.7)	9(7.4)	5(4.1)	16(4.4)
전혀 필요하지 않다	0(0.0)	0(0.0)	1(0.8)	1(0.3)
합 계	121(100.0)	121(100.0)	121(100.0)	363(100.0)

χ^2=29.554, df=8, p=0.000.

2. 물리・환경적 측면

가. 보행환경의 편리성

도심지역 물리・환경적 측면의 현황 중 보행환경의 편리성을 묻는 질문에 “매우 불만족” 21명(5.8%), “불만족” 120명(43.3%)으로 141명(49.1%)이 보행환경의 편리성에 대하여 불만족하다고 생각하는 것으로 나타났다. 이 중 지역주민이 58명(47.9%)으로 가장 높았으며, 관련 공무원이 48명(39.7%), 자영업

종사자가 35명(28.9%)이고, 이러한 차이는 유의미한($p<0.05$) 것으로 나타났다. 특히, 지역주민들의 경우는 생활환경으로서 보행시설과 환경에 대한 불만족 정도가 자영업종사자나 관련 공무원 집단에 비해 높은 것으로 나타났다.

따라서 시민들에게 안전하고 편안한 보행활동을 제공할 수 있도록 도심부의 보행환경을 개선해야 한다. 또한 보행의 쾌적성을 증진시키고, 공원녹지 등 휴식공간을 확충하여 걷고 싶고 쾌적한 공간으로 조성해야 한다.

〈표 3-25〉 보행환경의 편리성

(단위: 명, %)

구 분	자영업종사자	지역주민	관련 공무원	전 체
매우 만족	0(0.0)	1(0.8)	1(0.8)	2(0.6)
만 족	24(19.8)	22(18.2)	17(14.0)	63(17.4)
보 통	62(51.2)	40(33.1)	55(45.5)	157(43.3)
불만족	32(26.4)	42(34.7)	46(38.0)	120(33.1)
매우 불만족	3(2.5)	16(13.2)	2(1.7)	21(5.8)
합 계	121(100.0)	121(100.0)	121(100.0)	363(100.0)

$\chi^2=27.095$, df=8, p=0.001.

나. 대중교통의 접근성

도심지역 물리·환경적 측면의 현황 중 대중교통의 접근성을 묻는 질문에 "매우 불만족" 13명(3.6%), "불만족" 76명(20.9%)으로 89명(24.5%)이 대중교통의 접근성에 대하여 불만족하다고 생각하는 것으로 나타났다. 이 중 지역주민이 43명(35.6%)으로 가장 낮았으며, 관련 공무원이 23명(19.0%), 자영업 종사자가 23명(19.0%)이고, 이러한 차이는 유의미한($p<0.05$) 것으로 나타났다. 대중교통의 접근성에 있어서도 대중교통을 상대적으로 많이 이

용하는 집단인 지역주민의 불만족 정도가 가장 높은 것으로 나타났다.

오늘날 승용차 보급이 급속히 확대되면서 도시교통은 날로 혼잡해지고 있다. 그동안 도로망 개설 및 확대에 많은 노력과 투자가 이루어졌음에도 불구하고 교통 혼잡현상은 지속적으로 심화되고 있어, 도로 건설사업 등의 교통시설을 공급하는 방식에서 탈피하는 인식전환이 필요하다. 이를 위해서는 대중교통 정책이 정착될 수 있도록 여건을 조성해 주어야 한다. 우선적으로, 대표적인 대중교통 수단인 버스 이용체계를 전반적으로 개편하여 이용도를 획기적으로 높임으로써 자동차교통수요를 흡수해야 할 것이며, 이와 병행하여 자전거, 보행의 녹색교통 활성화 정책을 적극 추진해야 한다.

〈표 3-26〉 대중교통의 접근성

(단위: 명, %)

구 분	자영업종사자	지역주민	관련 공무원	전 체
매우 만족	1(0.8)	4(3.3)	8(6.6)	13(3.6)
만 족	23(19.0)	30(24.8)	24(19.8)	77(21.2)
보 통	74(61.2)	44(36.4)	66(54.5)	184(50.7)
불만족	20(16.5)	33(27.3)	23(19.0)	76(20.9)
매우 불만족	3(2.5)	10(8.3)	0(0.0)	13(3.6)
합 계	121(100.0)	121(100.0)	121(100.0)	363(100.0)

χ^2=30.490, df=8, p=0.000.

다. 주거환경의 쾌적성

도심지역 물리·환경적 측면의 현황 중 주거환경의 쾌적성을 묻는 질문에 "매우 불만족" 27명(7.4%), "불만족" 157명(43.3%)으로 184명(50.7%)이 주거환경의 쾌적성에 대하여 불만족하다고 생각하는 것으로 나타났다. 이 중 자영업 종사자가 62명(51.3%)으로 가장 낮았으며, 관련 공무원이 61명(50.4%), 지역주민이 61명(50.4%)이고, 이러한 차이는 유의미한($p<0.05$)

것으로 나타났다. 이 결과에서 특이한 것은 자영업 종사자나 관련 공무원에 비해 지역주민의 경우, 주거환경의 쾌적성에 있어 긍정적인 응답을 한 비율이 높다는 것이다.

〈표 3-27〉 주거환경의 쾌적성

(단위: 명, %)

구 분	자영업종사자	지역주민	관련 공무원	전 체
매우 만족	0(0.0)	2(1.7)	2(1.7)	4(1.1)
만 족	5(4.1)	13(10.7)	4(3.3)	22(6.1)
보 통	54(44.6)	45(37.2)	54(44.6)	153(42.1)
불만족	60(49.6)	46(38.0)	51(42.1)	157(43.3)
매우 불만족	2(1.7)	15(12.4)	10(8.3)	27(7.4)
합 계	121(100.0)	121(100.0)	121(100.0)	363(100.0)

χ^2=21.174, df=8, p=0.007.

이것은 다른 물리·환경적 측면보다 주거환경의 쾌적성이 좀 더 나은 환경인 것으로 생각된다. 그리고 자영업종사자나 관련 공무원의 인식보다는 지역주민의 인식정도를 보다 심도 있게 고려할 필요가 있는 것으로 보인다. 즉, 도심지역의 경우 자연발생적, 무계획적인 영세 및 무허가 주택 밀집지역이 상당히 많은 비중을 차지하고 있어 도심지역 내 주택의 노후성 및 불량성이 상당히 심각하다.

라. 주차장 이용의 용이성

도심지역 물리·환경적 측면의 현황 중 주차장 이용의 용이성을 묻는 질문에 "매우 불만족" 94명(25.9%), "불만족" 178명(49.0%)으로 272명(74.9%)이 주차장 이용의 용이성에 대하여 불만족하다고 생각하는 것으로 나타났다. 이 중 관련 공무원이 99명(81.8%)으로 가장 낮았으며, 지역주민이 92명(76.0%), 자영업 종사자가 81명(66.9%)이었으나, 이러한 차이는 유의미하지 않는 것으로 나타났다.

〈표 3-28〉 주차장 이용의 용이성

(단위: 명, %)

구 분	자영업종사자	지역주민	관련 공무원	전 체
매우 만족	0(0.0)	0(0.0)	1(0.8)	1(0.3)
만 족	10(8.3)	4(3.3)	5(4.1)	19(5.2)
보 통	30(24.8)	25(20.7)	16(13.2)	71(19.6)
불만족	54(44.6)	57(47.1)	67(55.4)	178(49.0)
매우 불만족	27(22.3)	35(28.9)	32(26.4)	94(25.9)
합 계	121(100.0)	121(100.0)	121(100.0)	363(100.0)

χ^2=12.121, df=8, p=0.146.

도심지역에 있어서 가장 부족한 도시 기반시설 중에 하나는 주차장이다. 간선도로변의 신규 건물을 제외한 대부분의 시설에서 충분한 주차장을 확보하지 못하고 있어 불법주차 문제 등을 야기하고 있다. 또한 소비자의 입장에서는 대형 백화점이나 대규모 할인점 등 승용차의 편리한 이용이 보장되는 시설을 선호하기 때문에 기성시가지에 위치한 재래시장, 또는 상가시설의 경우, 이용도가 낮아져 영업활동에 많은 지장을 받고 있다.

3. 경제적 측면

가. 상업환경

도심지역 경제적 측면의 현황 중 상업환경을 묻는 질문에 "매우 만족" 9명(2.5%), "만족" 104명(28.7%)으로 113명(31.2%)이 상업환경에 대하여 만족하다고 생각하는 것으로 나타났다. 이 중 지역주민이 45명(37.2%)으로 가장 낮았으며, 관련 공무원이 38명(31.4%), 자영업 종사자가 30명(24.8%)이고, 이러한 차이는 유의미한($p<0.05$) 것으로 나타났다. 특히, 상업활동의 주요한 주체가 되는 자영업종사자의 경우 상업활동에 대한 주요한 소비자인 지역주민보다 만족도가 높고, 지역주민의 경우 불만족 정도가 높게 나타나 다소 대조적인 경향을 보이고 있다는 특징이 있다.

〈표 3-29〉 상업환경

(단위: 명, %)

구 분	자영업종사자	지역주민	관련 공무원	전 체
매우 만족	0(0.0)	5(4.1)	4(3.3)	9(2.5)
만 족	30(24.8)	40(33.1)	34(28.1)	104(28.7)
보 통	80(66.1)	46(38.0)	74(61.2)	200(55.1)
불 만 족	10(8.3)	25(20.7)	9(7.4)	44(12.1)
매우 불만족	1(0.8)	5(4.1)	0(0.0)	6(1.7)
합 계	121(100.0)	121(100.0)	121(100.0)	363(100.0)

$\chi^2=33.963$, df=8, p=0.000.

금남로, 충장로 주변의 동구지역은 상권을 주도해 왔으나, 대형 유통점의 등장 과 도심외곽의 상권 형성으로 어려운 상업환경에 놓여 있다. 따라서 이러한 상업활동의 불리한 환경을 개선하기 위한 동구지역의 상점들의 차별화된 다양한 아이템 개발과 공격적인 마케팅 전략이 전제되어야 할 것이며, 이를 위해서는 자치단체의 적극적인 지원정책과 재정적인 지원이 수반되어야 한다.

나. 업무처리의 용이성

도심지역 경제적 측면의 현황 중 업무처리의 용이성을 묻는 질문에 “매우 만족” 7명(1.9%), “만족” 130명(35.8%)으로 137명(37.7%)이 업무처리의 용이성에 대하여 만족하다고 생각하는 것으로 나타났다. 이 중 관련 공무원이 62명(51.3%)으로 가장 낮았으며, 자영업 종사자가 46명(38.0%), 지역주민이 29명(23.9%)이고, 이러한 차이는 유의미한(p<0.05) 것으로 나타났다. 특히, 업무처리와 관련하여 가장 중시되어야 할 주체인 관련 공무원의 만족정도가 가장 높게 나타난 것은 긍정적인 결과라고 할 수 있겠다.

그러나 상대적으로 자영업종사자나 지역주민의 업무처리 용이성에 대한 만족정도가 낮은 것을 볼 때, 민간 분야의 업무처리 환경이 상대적으로 열악한 것으로 생각되며, 이에 대한 조치가 이루어져야 할 것이다.

〈표 3-30〉 업무처리의 용이성

(단위: 명, %)

구 분	자영업종사자	지역주민	관련 공무원	전 체
매우 만족	4(3.3)	1(0.8)	2(1.7)	7(1.9)
만 족	42(34.7)	28(23.1)	60(49.6)	130(35.8)
보 통	47(38.8)	59(48.8)	54(44.6)	160(44.1)
불 만 족	27(22.3)	25(20.7)	5(4.1)	57(15.7)
매우 불만족	1(0.8)	8(6.6)	0(0.0)	9(2.5)
합 계	121(100.0)	121(100.0)	121(100.0)	363(100.0)

χ^2=43.485, df=8, p=0.000.

다. 상업 · 판매시설의 다양성

도심지역 경제적 측면의 현황 중 상업·판매시설의 다양성을 묻는 질문에 "매우 만족" 11명(3.0%), "만족" 100명(27.5%)으로 111명(30.5%)이 상업·판매시설의 다양성에 대하여 만족하다고 생각하는 것으로 나타났다. 이 중 관련 공무원이 54명(44.7%)으로 가장 낮았으며, 지역주민이 30명(24.8%), 자영업 종사자가 27명(22.3%)이고, 이러한 차이는 유의미한(p<0.05) 것으로 나타났다. 이 중 자영업종사자와 지역주민의 상업·판매시설에 대한 다

양성에의 불만족 정도가 높게 나타나 실제 주요한 공급과 수요를 이루는 대상을 감안할 때, 상업·판매시설의 다양화가 수반되어야 할 것으로 생각된다.

즉, 과거 도심중핵부인 금남로와 충장로 주변 상권이 형성되면서 지역경제가 활성화되었으나, 지역경제가 부도심, 신도심으로 이동하면서 구도심은 점차 방문자 감소, 상점수 감소 등 심각한 문제로 발생하고 있다. 이에 대한 대안으로서 다양성과 편리성을 주요 전략으로 한 활성화 사업이 실행되어야 할 것이다.

〈표 3-31〉 상업·판매시설의 다양성

(단위: 명, %)

구 분	자영업종사자	지역주민	관련 공무원	전 체
매우 만족	1(0.8)	4(3.3)	6(5.0)	11(3.0)
만 족	26(21.5)	26(21.5)	48(39.7)	100(27.5)
보 통	61(50.4)	64(52.9)	58(47.9)	183(50.4)
불 만 족	32(26.4)	21(17.4)	7(5.8)	60(16.5)
매우 불만족	1(0.8)	6(5.0)	2(1.7)	9(2.5)
합 계	121(100.0)	121(100.0)	121(100.0)	363(100.0)

χ^2=33.796, df=8, p=0.000.

4. 사회적 측면

가. 도심이미지

도심지역 사회적 측면의 현황 중 도심이미지를 묻는 질문에 "매우 불만족" 36명(9.9%), "불만족" 118명(32.5%)으로 154명(42.4%)이 도심이미지에 대하여 불만족하다고 생각하는 것으로 나타났다. 이중 지역주민이 63명(52.1%)으로 가장 낮았으며, 자영업 종사자가 50명(41.4%), 관련 공무원이 41명

(33.9%)이고, 이러한 차이는 유의미한($p<0.05$) 것으로 나타났다. 특히, 지역주민의 도심이미지에 대한 긍정적인 인식은 도심 관련 정책에 있어서 기존 도심의 이미지를 감안한 접근을 하는 데 중요한 시사점이 있다고 생각된다.

〈표 3-32〉 도심이미지

(단위: 명, %)

구 분	자영업종사자	지역주민	관련 공무원	전 체
매우 만족	4(3.3)	0(0.0)	2(1.7)	6(1.7)
만 족	9(7.4)	15(12.4)	20(16.5)	44(12.1)
보 통	58(47.9)	43(35.5)	58(47.9)	159(43.8)
불 만 족	40(33.1)	44(36.4)	34(28.1)	118(32.5)
매우 불만족	10(8.3)	19(15.7)	7(5.8)	36(9.9)
합 계	121(100.0)	121(100.0)	121(100.0)	363(100.0)

$\chi^2=18.755$, df=8, p=0.016.

나. 생활편의시설

도심지역 사회적 측면의 현황 중 생활편의시설을 묻는 질문에 "매우 만족" 12명(3.3%), "만족" 103명(28.4%)으로 115명(31.7%)이 생활편의시설에 대하여 만족하다고 생각하는 것으로 나타났다. 이 중 관련 공무원이 48명(39.7%)으로 가장 낮았으며, 지역주민이 34명(28.1%), 자영업 종사자가 33명(27.2%)이고, 이러한 차이는 유의미하지 않는 것으로 나타났다.

〈표 3-33〉 생활편의시설

(단위: 명, %)

구 분	자영업종사자	지역주민	관련 공무원	전 체
매우 만족	1(0.8)	4(3.3)	7(5.8)	12(3.3)
만 족	32(26.4)	30(24.8)	41(33.9)	103(28.4)
보 통	61(50.4)	57(47.1)	58(47.9)	176(48.5)
불 만 족	22(18.2)	24(19.8)	14(11.6)	60(16.5)
매우 불만족	5(4.1)	6(5.0)	1(0.8)	12(3.3)
합 계	121(100.0)	121(100.0)	121(100.0)	363(100.0)

χ^2=12.948, df=8, p=0.114.

다. 여가 · 문화시설

도심지역 사회적 측면의 현황 중 여가·문화시설을 묻는 질문에 “매우 만족” 16명(4.4%), “만족” 102명(28.1%)으로 118명(32.5%)이 여가·문화시설에 대하여 만족하다고 생각하는 것으로 나타났다. 이 중 관련 공무원이 54명(44.6%)으로 가장 낮았으며, 자영업 종사자가 37명(30.6%), 지역주민이 27명(22.3%)이고, 이러한 차이는 유의미한($p<0.05$) 것으로 나타났다. 이 중 지역주민과 자영업 종사자들의 만족 정도가 낮은 것은 실제적으로 여가·문화시설을 이용하는 대상의 만족도가 낮다는 평가로 연결된다. 따라서 여가·문화시설의 확충과 다양화가 이루어져야 할 것으로 생각된다.

즉, 지역주민의 문화욕구를 충족시켜주고 삶의 질을 높여 줄 수 있는 공간으로 활용하기에는 절대 부족하므로 문화공간의 확충이 절실한 실정이다. 이는 지역주민에만 국한되는 문화공간의 확보가 아닌 도심지역, 비도심지역 전체와 연계한 체계적이고 합리적인 문화벨트를 구축하는 것이 중요하다. 또한 풍요로운 문화적 풍토조성에 기여하기 위해서는 지역주민들이 직접 프로그램 선택에 참여할 수 있는 기회를 확대하고, 기존시설의 효율적 이용방안을 모색해야 한다.

〈표 3-34〉 여가 · 문화시설

(단위: 명, %)

구 분	자영업종사자	지역주민	관련 공무원	전 체
매우 만족	8(6.6)	4(3.3)	4(3.3)	16(4.4)
만 족	2(24.0)	23(19.0)	50(41.3)	102(28.1)
보 통	52(43.0)	49(40.5)	55(45.5)	156(43.0)
불 만 족	28(23.1)	35(28.9)	12(9.9)	75(20.7)
매우 불만족	4(3.3)	10(8.3)	0(0.0)	14(3.9)
합 계	121(100.0)	121(100.0)	121(100.0)	363(100.0)

χ^2=36.147, df=8, p=0.000.

라. 휴식공간

도심지역 사회적 측면의 현황 중 휴식공간을 묻는 질문에 "매우 불만족" 82명(22.6%), "불만족" 154명(42.4%)으로 236명(65.0%)이 휴식공간에 대하여 불만족하다고 생각하는 것으로 나타났다. 이 중 지역주민이 81명(66.9%)으로 가장 낮았으며, 관련 공무원이 78명(64.5%), 자영업 종사자가 76명(63.7%)이고, 이러한 차이는 유의미한($p<0.05$) 것으로 나타났다. 여가·문화시설에 비해 휴식공간에 대한 불만족 정도가 높게 나타났으며, 이에 대한 해결이 우선시되어야 할 것이다.

〈표 3-35〉 휴식공간

(단위: 명, %)

구 분	자영업종사자	지역주민	관련 공무원	전 체
매우 만족	0(0.0)	0(0.0)	1(0.8)	1(0.3)
만 족	5(4.1)	14(11.6)	11(9.1)	30(8.3)
보 통	39(32.2)	26(21.5)	31(25.6)	96(26.4)
불 만 족	48(39.7)	43(35.5)	63(52.1)	154(42.4)
매우 불만족	29(24.0)	38(31.4)	15(12.4)	82(22.6)
합 계	121(100.0)	121(100.0)	121(100.0)	363(100.0)

χ^2=22.938, df=8, p=0.003.

제4장 도심재생을 위한 정책분석

제1절 도심 관련 기존정책 및 계획 검토

우리나라 지방 대도시 도심의 쇠퇴에 대한 정부정책이나 제도를 검토하고 광주광역시를 사례로 구체적인 도심활성화 노력의 실태와 문제점을 분석한다.

1. 기존 도심 관련 정책

도심재생 정책의 전반적인 경향을 검토하기 위해 이 책에서는 2003년 국토계획법 및 도시및주거환경정비법을 기준으로 정책의 흐름을 이 법의 시행 전과 시행 후로 이분하여 살펴보고자 한다.

가. 2002년까지의 시가지정비 및 개발정책

2003년 국토계획법 및 도시및주거환경정비법이 제정·시행되기 이전까지는 도심활성화를 직접적인 목적으로 하는 시가지개발 및 정비에 관한 종합적인 제도는 존재하지 않았다. 다만, 도심의 물리적 환경을 개선하고 기반시설을 정비하기 위하여 도시재개발법에 의한 재개발사업이 일부 도시에서 시행되었다.

도심재개발사업은 도심, 부도심 및 기능이 쇠퇴한 간선도로변 시가지를 대상으로 그 기능을 회복 또는 전환하기 위하여 시행되었다. 서울, 부산 등의 대도시에서 도심재개발사업에 의하여 노후건축물을 철거하고 새로운 상업·업무용 건축물로 대체하여 도심을 정비한 바 있으나, 광주 등 그 외의 지방 대도시는 아직 도심재개발사업의 추진 실적이 거의 없는 실정이다(계기석·김형진, 2003: 75~76).

주택의 양적 공급 및 질적 수준 향상을 위한 주택정책은 도시정책에서는 공간적인 주택시가지의 정비와 신규개발로 나타난다. 주택정책은 주로 대도시의 불량주택정비와 주택부족에 대응한 신규택지개발대책이 주류를 이루었다.

주택재개발사업은 노후·불량한 주택이 밀집되어 있거나 공공시설의 정비가 불량한 지역의 주거환경을 개선하기 위하여 시행되었다. 그러나 도심기능의 활성화보다는 노후·불량주택의 정비라는 목적으로 시행되었으므로 도심이 갖는 다양한 기능을 활성화하기에는 한계가 있었다.

1980년대에 들어 본격적으로 주택공급 확대를 계획하게 되었는데, 이에 대응한 시가지개발 및 정비정책으로는 대규모 신시가지, 신도시 개발정책과 불량주택지에서의 합동재개발, 그리고 기성주택시가지에서는 규제완화에 의한 고밀도 개발 유도정책으로 연결되었다. 대도시에서는 열악한 주택재고를 개선하기 위하여 불량주택정비, 노후공동주택 재건축, 신시가지·신도시건설, 규제완화에 의한 재축 유도 등의 여러 가지 시책을 펼쳐왔다. 우리나라의 도시개발과 정비제도는 〈표 4-1〉과 같이 정리된다(김현식 외, 180~224).

〈표 4-1〉 시가지개발 및 정비에 관한 제도

사업의 종류		목 적	관계법령
도심 정비	도심 재개발 사업	도심지 또는 부도심지와 간선도로변의 기능이 쇠퇴해진 시가지를 대상으로 그 기능을 회복 또는 전환하기 위해 시행하는 사업으로 토지의 고도이용과 도기기능을 회복하기 위하여 건축물 및 그 부지의 정비와 대지의 조성 및 공공시설을 정비	도시재개발법

사업의 종류		목 적	관계법령
주택 시가지 정비	주택재개발 사업	노후불량주택이 밀집되어 있거나 공공시설의 정비가 불량한 지역의 주거환경을 개선하기 위해 시행하는 사업	도시재개발법
	주거환경 정비사업	노후불량건축물이 밀집한 지역 또는 공공시설의 정비상태가 불량하여 주거환경이 열악한 지역으로서 주거환경개선을 위하여 필요한 주택의 건설, 건축물의 개량, 공공시설의 정비, 소득원의 개발 등을 행하는 사업	도시저소득층을 위한 주거환경 개선에 관한 임시조치법
	재건축사업	노후 불량주택의 붕괴 등 안전사고의 현저한 우려가 있는 경우	주택건설촉진법
신시 가지 개발	택지개발 사업	도시지역의 시급한 택지난을 해소하기 위해 주택건설에 필요한 택지의 취득, 개발, 공급을 위한 사업	택지개발촉진법
	주택건설 촉진사업	주택이 없는 국민의 주거생활의 안정을 도모하고 모든 국민의 주거수준의 향상을 기하기 위한 주택의 건설, 공급사업	주택건설촉진법
	도시개발사업 (토지구획 정리사업)	도시개발구역 안에서 주거・상업・산업・유통・정보통신・생태・문화・보건 및 복지 등의 기능을 가지는 단지 또는 시가지를 조성하기 위하여 시행하는 사업	도시개발법 (토지구획 정리사업)
도심 정비	역세권 정비	역을 중심으로 한 지역중심생활권 정비 등	지구단위계획등

나. 2003년 이후 시가지정비 및 개발정책

2003년 1월 국토의계획및이용에관한법률이 기존의 국토이용관리법과 도시계획법을 대체하여 도시와 농촌을 일체적인 대상으로 계획적인 개발과 정비를 유도하는 법적 근거가 되었다. 이에 따라 도심지역에 대해서도 보다 구체적인 계획을 수립하도록 하였다. 즉, 동법 시행령(제15조) 및 도시기본관리계획수립지침의 규정에 의하여 도시기본계획의 내용으로서 '도심 및 시가지

정비'가 포함됨에 따라 도심지역에 중점을 두는 기성시가지 정비라는 관점으로 확대되었고, 이를 활성화하기 위한 개발구상과 계획을 수용하도록 하였다.

이외에도 지구의 경제적, 물리적 특성에 부합되게 차별적으로 토지이용 및 시설물의 설치를 규정하는 '지구단위계획'을 제1종과 제2종으로 세분하고, 조밀한 기성시가지의 관리, 정비, 보전 등에 부합되는 계획을 수립하도록 하여 실효성 있는 제도로 발전하기 위한 관련 지침을 정비하였다. 또한 도심지역과 같이 개발행위로 인하여 기반시설의 처리공급 또는 수용능력이 부족할 것으로 예상되는 지역을 '개발밀도관리구역'으로 지정하여 건폐율, 용적률 등의 개발밀도를 당초 정해진 기준보다 강화하여 과밀을 억제하고자 하는 제도적 수단을 갖추고 있다. 이러한 수단들은 반드시 도심지역만을 대상으로 하고 있지는 않지만 그 특성상 도심지역에 적절하게 활용할 수 있는 제도들이다.

또한 2003년 7월 도시재개발법과 도시저소득주민의주거환경개선을위한임시조치법이 폐지되고 도시및주거환경정비법으로 대체 시행됨에 따라 도심을 대상으로 하는 정비계획도 '도시·주거환경정비기본계획'에 의존하도록 하였다. 동 기본계획에 따라 특정한 지역을 정비구역으로 지정하는 한편 그 내용으로서 '도심기능의 활성화 및 도심공동화 방지방안'을 포함하도록 하고 있다.

도시정비사업 측면에서 보면 도시및주거환경정비법이 제정됨에 따라 '정비구역'을 지정하고 여건에 따라 주거환경개선사업, 주택재개발사업, 주택재건축사업, 도시환경정비사업 등으로 정비구역의 사업방식이 차별화되도록 하였다. 특히, 도심과 관련해서는 상업지역·공업지역 등으로서 토지의 효율적 이용과 도심 또는 부도심 등 도시기능의 회복이 필요한 지역과 같이 특정한 지역에는 "도심환경정비사업"을 실시하도록 하고 있다.

〈표 4-2〉 시가지정비 관련 수법

구 분	내 용	근거법
주거환경개선사업	도시 저소득주민이 집단으로 거주하는 지역으로 정비기반시설이 극히 열악하고, 노후·불량건축물이 과도하게 밀집되어 있는 지역에 시장·군수가 기반시설을 설치하고, 지역주민이 자력으로 개량하거나 시행자가 전부 또는 일부를 수용하여 주택건설 후 토지소유자 등에게 우선 공급	도시 및 주거환경정비법 (2002.12.30)
주택재개발사업	정비기반시설이 열악하고 노후·불량건축물이 밀집한 지역에서 주거환경을 개선하기 위하여 관리처분계획에 따라 주택 및 부대 복리시설을 건설하여 공급하거나 환지로 공급	도시 및 주거환경 정비법 (2002.12.30)
주택재건축사업	정비기반시설이 양호하거나 노후·불량건축물이 밀집한 지역에서 주거환경을 개선하기 위하여 관리처분계획에 따라 주택 및 부대·복리시설을 건설하여 공급	도시 및 주거환경 정비법 (2002.12.30)
도시환경정비사업	상업지역·공업지역 등으로 토지의 효율적 이용과 도심 또는 부도심 등 도시기능의 회복이 필요한 지역에서 도시환경을 개선하기 위하여 관리처분계획에 따라 건축물을 건설하여 공급하거나 환지로 공급	도시 및 주거환경정비법 (2002.12.30)
지구단위계획	도시지역 및 도시지역 외에서 도시개발 또는 도시관리가 가능하도록 하기 위한 계획. 도시의 기능 및 미관을 증진시키기 위하여 도시 내 일정구역에 대하여 도시기반 시설 및 건축물의 용도, 건폐율, 용적률 등을 정비하고 가로경관을 조성하기 위한 계획	국토의 계획및 이용에 관한 법률 (2002.2.4)
시장재개발·재건축	시장의 유통현대화를 촉진하고 시장기능의 회복을 위하여 시장재개발사업 또는 시장재건축사업 시행구역 안의 조합이 시행	중소기업의 구조개선과 재래시장활성화를 위한 특별조치법

이러한 사업방식을 통해 부분적으로 도심의 체계적 정비와 활성화 사업을 촉진할 수 있을 것으로 예상되나 공공부문의 지원사항이 거의 없거나 명목적으로

규정되어 있어 재개발사업을 시장기능에 방치한 상태라고 할 수 있다. 실제적으로 수도권을 제외한 지방 대도시들은 도심재개발사업의 수요가 없을 뿐 아니라 수익성 문제로 재개발사업이 거의 이루어지지 않고 있다. 또한 제도의 목표가 주로 물리적 조건의 개선에 초점을 두고 있으므로 도심의 사회적·경제적 측면을 포괄하는 종합적인 도심재생 또는 활성화는 용이하지 않다.

도심지역의 쇠퇴방지를 위해 특정한 기능을 육성하거나 특정한 상황에 있는 도심지역을 지원하고자 하는 수단도 제도화되지 않았다. 따라서 상업·업무, 도심형 제조업, 문화활동, 도심주거 등 도심지역에 부합되는 기능을 활성화하기 어렵고, 또한 도심에 입지하는 기존 중추관리 기능(예를 들면 시청, 도청 등)의 이전계획 등으로 인해 도심지역이 쇠퇴하는 지역을 효과적으로 지원하기에 한계가 있을 수밖에 없다(계기석·김형진, 2003: 76~78).

2. 도심 관련 계획

가. 기존도심 관련 계획

광주광역시에서 기수립된 법정계획 중 도심 관련 내용을 담고 있는 계획의 내용은 다음과 같다.

1) 광주광역시 재개발기본계획(1993. 12)

재개발기본계획은 재개발법에 의하여 광주시내 도시환경 악화지역 또는 악화가 진행되는 지역에 대한 장기적인 정비의 방향과 우선순위를 부여함으로써, 도시 전체의 균형적인 발전과 기능의 조화를 모색하기 위해 수립된 법정계획이다.

노후·불량주택이 밀집해 있는 지역으로서 주거용 건축물의 정비개량을 목적으로 하는 21개의 주택개량 재개발구역과 상업·업무용 건축물의 건설을 위주로 하는 14개의 도심재개발구역을 선정하고 구역별 기본계획을 수립하였다. 재개발구역은 용도지역상 상업지역이지만 도심지역의 공동화가 촉진되지 않도록 현재의 상주인구를 줄이지 않는 수준에서 업무기능 등을 조합하여 개발방향을 설정하였다.

그러나 보다 실질적인 계획과 사업을 촉진할 유인장치가 후속적으로 강구되지 않을 뿐만 아니라 재개발에 대한 수요가 부족하였기 때문에 재개발사업 추진실적은 극히 미비하였다.

2) 광주광역시 도시기본계획(1995~2011)

시가지중심부에 편재된 단핵적인 도시기능을 개편하여 업무중심과 상업중심으로 분리하고 다핵화를 유도한다. 충장로·금남로 일원을 도심으로 설정하고, 부도심 3개(상무, 송정, 첨단지구), 지구중심 5개(본촌, 백운, 우산, 하남, 금호)로 설정하여 도시전반에 걸친 균형적 발전을 촉진한다.

생활권은 대·중·소 생활권으로 구분하고 각각 6개, 20개, 97개로 구분한다. 본 계획상 도심지역은 중앙대생활권에 속하고, 상무와 백운대생활권에 일부 포함되고 있다. 중앙대생활권의 주 기능은 중심상업업무, 위락, 교육, 유통 등으로 부여한다. 개발전략으로는 도청 및 관련 기관의 이전부지를 공공용지 또는 공원이나 휴식·문화공간으로 활용하고, 중심성·전문성을 가진 상업시설의 고급화를 추진하고, 환경이 불량한 도심지역은 재개발 또는 주거환경개선사업을 실시한다. 그럼으로써 도심공동화 방지와 직주근접체계를 구축한다.

3) 광주광역시 도시재정비계획(1998. 9)

제3차 국토종합개발계획과 광주도시기본계획의 정책기조를 반영하고, 21세기 국제화시대에 걸맞은 국제도시기능 수행을 하도록 목표년도에 알맞은 도시 공간구조를 재설정함을 목적으로 하고 있다.

도심지역의 공간구조 개편을 통해 도시문제를 해소하고, 광주의 중심축으로 기능을 강화하며, 환경과 조화된 지속 가능하고 창의적 계획을 수립한다.

신·구시가지 간 도시기능이 순화될 수 있도록 도심지역은 재개발사업을 적극 추진하고 외곽지역은 지역별 여건을 고려하여 단계별 토지이용계획 수립을 통한 신시가지 개발을 추진한다.

도청을 관통하는 30m 도시계획도로 등 도로기능 강화 및 대체교통수단(도시철도 등)의 도입으로 도심지역 교통문제의 해결을 유도한다.

도심지역의 도시개발사업을 통해 녹지공간을 확보하고 이전지를 적극 공원화하며, 자투리땅과 가로공원화를 통해 쾌적한 도시환경을 조성한다.

도시환경의 문화화를 유도하기 위해 전통문화를 보전할 수 있는 전통문화단지를 조성하고 남도문화를 계승시키기 위한 종합예술대학 설립을 추진하며, 문화시설 설치를 적극 권장할 뿐만 아니라 첨단산업과 문화예술이 주제가 되는 과학박람회(EXPO) 개최를 추진한다.

4) 광주·목포권 광역개발계획(1998~2011)

광주권과 목포권을 각각 자립적 대도시권으로 육성하되 광주권은 광주가 중심도시가 되고, 나주, 담양, 화순이 주변지역이 되는 공간구조를 형성한다. 광주 상무 신시가지, 첨단과학단지 등 서측지역과 동측지역의 신도심이 상호 유기적으로 연결되어 단일도시로서 기능을 제고하도록 하고 컨벤션센터, 텔레포트, 무역센터 등의 업무단지를 배치하여 권역의 중추관리 기능을 강화한다.

그러나 본 계획은 기본적으로 외곽 신규사업지역의 구도심에 대한 의존도를 축소하여 다핵적인 공간구조화 하는 것이 기조이므로 광주 구도심의 쇠퇴와 대처방안에 대한 내용은 미흡하다.

5) 광주권 광역도시계획(2000~2020)

광주광역도시권을 국제 경쟁력을 갖춘 국토서남권의 성장거점 권역으로 관리함을 목적으로 하고 있다. 광주 구도심은 권역중심지로서의 기능을 유지하되 주민생활과 관련된 기능들을 권역부심과 분담하고, 산발적인 개발을 억제하기 위하여 기존시가지의 압축적 토지이용을 유도한다.

단핵적 공간구조를 다핵화하여 권역의 전체적 균형발전을 유도하되, 기존 광주광역권은 권역중심으로 기존의 중심성을 더욱 강화하고 상무신시가지 및 주변 시와 읍을 지역중심으로 차등화하여 네트워크로 연계를 강화한다.

도심지역과 관련된 주요 개발계획은 장기종합발전계획, 관광종합개발계획, 그리고 단위사업 계획으로서 5·18기념사업계획 등이 있으며, 주요 내용은 다음 〈표 4-3〉와 같다.

〈표 4-3〉 주요 계획의 내용

계 획 명	도심에 관한 주요 내용
5·18 기념사업 종합계획 (1995)	· 도청주변에 대한 가장 구체적이고 체계적인 계획 · 도청건물 중 본관, 민원실, 도의회건물 보전 · 도청 인접지역의 가로망 및 개발방향에 대한 구상제시
광주관광종합 개발계획 (1997)	· 도심지역, 도심주변, 교외지역으로 구분 · 도심지역에 대해 종합적인 관광개발의 방향을 제시 · 역사·문화적 명소지정, 쇼핑명소, 문화예술행사 제시
광주장기종합 발전계획 (1998)	· 제1순환도로 내를 3개 지역으로 구분(도심·중간지역·도심주변부) · 기존의 역사적, 문화적 전통을 활용하여 인간 중심의 도심환경을 정비하고 도심주변부를 직주근접 공간으로 재개발 · 도심을 통과하는 5개 노선의 도시철도망을 구상하고 거리별 특화방안과 도심관광프로젝트의 추진 등을 제안
빛과 생명의 문화광주 2020 (2000)	· 도청, 금남로, 예술의 거리 일원을 복합문화지구로 설정 · 사직공원 일대를 생태문화지구로 설정 · 도청건물을 세계문화예술사박물관, 세계인권박물관 등으로 계획 · 문화산업진흥원, 도심문화산업타운, 문화산업단지, 산업관광테마파크, 축제의 문화산업화 등을 구상

다. 관련 조례

도심이 쇠퇴하는 도시조차도 대부분 도심을 활성화하고자 하는 고유의 조례를 갖지 못하고 있다. 예외적으로 대전광역시와 광주광역시는 2000년대 들어 도심활성화를 위하여 비교적 활발한 노력을 하고 있고, 관련 조례를 제정・운영하고 있다.

대전광역시는 2002년 대전광역시도심활성화및지원등에관한조례를 제정하고 대상권역지정, 행・재정적 수단, 기금조성 및 운용 등을 규정함으로써 다른 지방자치단체에 비하여 도심활성화 노력이 두드러지고 있다. 아울러 기초자치단체인 대전광역시 동구도 전문가육성・지원조례를 제정하여 도심공동화와 상권이탈로 침체된 재래시장의 활성화를 위한 자구적인 상가조합이나, 사업조합이 구성되지 않은 시장・상점가에 대한 육성・지원 규정을 두고 있다.

광주광역시의 경우 도심활성화에 관련되는 사업을 규정하고 있는 조례는 예술의거리조성조례, 재개발사업조례, 주거환경개선지구조례 등이다. 도심활성화 관련 사업에 적용 가능한 조세감면 사항을 규정하고 있는 것은 주택재개발사업, 주거환경개선사업, 재래시장재개발・재건축사업, 중소기업 종합지원센터, 외국인투자유치지원, 벤처기업육성촉진지구 이전, 광주・전남 테크노파크에 대한 감면 등이다. 도심활성화에 활용 가능한 재원을 규정하고 있는 조례는 지역개발기금설치조례 등이다.

그러나 재개발사업조례, 주거환경개선지구조례 등 법률에서 위임하고 있는 사항 또는 일회성 사업에 대한 사항만을 조례로 정하고 있다. 재래시장재개발・재건축사업, 중소기업종합지원, 외국인투자유치지원, 벤처기업육성촉진지구, 테크노 파크 등과 같이 도심활성화와 관련성이 있는 사업에 조세감면 사항을 조례로 규정하고 있으나 효과는 크지 않다. 도심활성화에 활용 가능한 재원확보를 위해서는 지역개발기금설치조례에 규정되어 있으나 도심활성화 사업이 1차적인 목적이 아니고 재원도 거의 없는 실정이다(계기석・김형진, 2003: 78~79).

또한 광주광역시는 2002년 행정기구설치조례와 지방공무원정원조례를 개정하여 도심활성화를 직접적으로 추진할 도심활성화대책추진기획단을 설치하였다.

3. 도심재생 논의의 전개

광주광역시의 도심공동화는 1977년 동구 인구가 최고점으로 하여 인구가 감소하기 시작한 시점으로부터 제1차 순환도로 내 인구가 급격히 감소하기 시작한 1986년 이후 본격화되었다(이용연, 2002: 24~31; 국토연구원, 2003: 91~94).

가. 도심공동화 진행 및 차원

광주광역시의 도심공동화는 광주시가 전남으로부터 분리되어 광주직할시로 승격된 1986년경부터 진행되기 시작하였다. 아울러 직할시 승격과 함께 진행된 주변지역인구의 대량 유입, 도시의 외연적 확산, 광주의 총량적 팽창은 이미 시작된 도심시설의 노후화와 기능의 쇠퇴, 이전 등과 같은 도심공동화 현상을 도외시하게 하였다.

도심활성화 논의는 도청을 중심으로 한 충장로・금남로(도심중핵부) 등의 동구지역에 한정되고 있을 뿐이고 도심공동화가 진행되고 있는 제1차 순환도로 내외의 여타 구시가지에 대한 관심은 상대적으로 미흡하였다. 현재 광주시가 진행 중인 활성화 대책도 대부분이 도심중핵부의 활성화에 중점을 두고 있어서 그 효과를 확산시키기에 용이하지 않다. 도심활성화는 도심중핵부와 인접한 도심주변부의 주거와 상업기능이 동시에 활성화되지 않을 경우에는 성공할 수 없을 뿐만 아니라, 도심중핵부의 재개발이 이루어지더라도 주간형 업무기능에 한정될 수밖에 없다.

따라서 도심중핵부 위주의 도심활성화대책에서 탈피하여 기본적으로는 보다 광역적인 차원(예를 들면 제1차 순환도로 내부)까지 공간적 범위를 확대하는 것이 필요하고 사안별로 차별화된 공간적 대상을 유통성 있게 설정하는 것이 바람직하다.

나. 기존 도심공동화의 인식과 한계

그 동안 광주광역시 도심공동화의 원인을 물리적 시설의 이전과 노후화, 기능의 쇠퇴에서 찾는 경향이 강하여 도심활성화 전략도 도심지역의 물리적 시설의 대체와 공간개발을 통해 이를 해결하려는 대안들이 주로 제안되고 있다. 이는 도심공동화의 다차원적 요인들에 대한 검토가 부족할 뿐만 아니라, 사회적, 경제적, 문화적 차원의 도심활성화 전략을 등한시할 위험성도 있다.

도심공동화 현상의 요인은 물리적 공간의 이전과 쇠퇴에 의하여 발생하기도 하지만 도심의 사회적, 문화적, 경제적 쇠퇴요인이 더욱 심하게 나타난다. 즉, 도시공간은 지가와 지대로 대표되는 경제적 요인, 집중과 분산·침입과 계승·지배와 분리의 인간생태학적 요인, 보건·안전·복지의 공공복지적 요인 등 다양한 요인에 의하여 변화하고 있으므로, 도심공동화를 물리적 공간 중심으로 인식하기보다는 사회, 경제, 문화 등 다차원적 공간으로 이해하고 활성화 방안을 다양하게 모색하여야 한다.

다. 도심에 대한 인식과 접근방식

도심공동화는 유기체적 도시가 갖는 성장과 발전 과정의 보편적 과정이므로, 도심공동화에 의해 전체 도시가 쇠퇴하고 전면적 위기에 처하는 것처럼 인식하거나, 이를 특정시설의 입지나 유치로 해결할 수 있다는 접근시각은 한계가 있다. 따라서 도심공동화를 도시발전의 한 과정으로 이해하면서, 도심지역의 부분적 쇠퇴가 다른 외곽지역의 개발과 활성화를 촉진하며, 도시 전체의 성장과 발전의 에너지를 계속적으로 유지하도록 한다는 거시적 안목이 필요하다.

광주를 비롯한 내륙행정도시들의 도심쇠퇴가 심하게 나타나는 것은 대도시가 행정업무기능 중심에서 경제, 국제, 문화, 관광, 위락, 정보 등 여타 도시기능으로 변화·강화되어야 함에도 불구하고 이를 따라가지 못하는 데도 원인이 있으므로, 행정업무기능의 보완보다는 도시발전의 시너지 효과가 높은 새로운 기능을 보완하는 전략이 요구된다.

광주 도시외곽의 과도한 신시가지개발이 도심공동화를 가속화하므로, 더 이상의 택지개발정책을 중지하여야 한다는 주장도 도시의 인구증가와 주택수요, 토지이용 비용, 예산 활용의 효율성 등을 면밀하게 검토되어야 한다.

라. 정책결정

광주광역시의 도심활성화 정책결정은 민선자치 이후 과도하게 정치적 쟁점이 됨으로써 합리적인 방향으로 의견을 모으고 이를 집행하는 체제가 확립되지 못하고 있다. 대부분의 지방 대도시들이 도심공동화의 고민을 안고 있으나 다른 도시와의 공동연대를 통한 대안의 모색이 이루어지지 못하고 있다. 따라서 도심활성화도 광주광역시의 개별 도시적 차원이 아니라 다른 지방 대도시와 연대하여 문제를 공유하고 해결책을 찾는 것이 더욱 효과적일 것이다.

도심공동화에 대한 공통인식과 도심활성화에 대한 합의구조가 형성되어 있지 않으므로 활성화를 위한 어떠한 대안도 설득력과 집행력, 실천력을 갖기

힘든 현실이다. 따라서 일반 시민들에게 정확한 정보를 제공함은 물론 반대 집단이나 무관심 집단의 동의와 참여를 유도하는 전략이 동시에 필요하다.

제2절 도심재생 사업의 분석

1. 도심재생 사업의 내용

본 연구에서는 광주광역시에서 현재 수행하고 있는 도심재생 사업으로서, 광주광역시의 도심활성화 종합기본계획(2003)에서 중점적으로 제시하고 있는 사업을 중심으로 ① 상업・업무 활성화, ② 문화・관광 활성화, ③ 정주기능정비, ④ 물리적 환경정비 측면에서 총 21개 사업을 대상으로 분석하였다.

〈표 4-4〉 도심재생 사업의 내용

사업 분야	도심활성화 사업 내용
상업・업무 활성화	· 재래시장 정비사업(남광주・대인・양동시장)
	· 광주인쇄센터 건립
	· 문화산업 클러스터(사직공원 일원)
	· 디지털 컨텐츠센터 건립
문화・관광 활성화	· 국립 광주 아시아 문화전당
	· 개화기 역사문화마을 조성(양림동 일원)
	· 궁동문화마당 조성(궁동 일대)

사업 분야	도심활성화 사업 내용
문화·관광 활성화	· 특화거리 조성방안(충장로 일원)
	· 인권의 거리 조성(금남로 일대)
	· 위락시설 집단화 지구 조성
	· 4계절 도심대표축제 개최
정주기능 정비	· 전통문화(충·효·예) 체험관 조성
	· 광주 천변 복합주거단지 조성(양림동)
	· 금동 구역 도심재개발사업
물리적 환경정비	· 학2동 구역 도심재개발사업
	· 금남로 대중 교통몰 조성(도청~금남로3가)
	· 도심주차장 확충(전남여고, 도청 등)
	· 간이 환승센터 설치(도청 앞)
	· 광주천 친수공간 조성
	· 구한국은행부지 공원화 사업
	· 광주·사직공원 활성화 사업

2. 도심재생 사업의 평가기준과 분석방법

가. 분석항목의 설정

1) 분석항목

도심재생 사업의 분석을 위한 항목의 선정은 다음과 같은 문제의식을 가지고 크게 4가지 항목을 도출하였다. 첫째, 필요성은 도심재생 사업이 도심에서 발생하고 있는 여러 가지 문제 중에서도 특히, 심각한 문제의 해결과 완화를 목적으로 한 사업인가 즉, 문제의 심각성을 고려한 분석항목이다. 둘째, 효과성은 도심재생 사업의 실시로 광범위한 분야에 걸쳐 큰 효과를 기대할 수 있는가를 고려한 분석항목이다. 셋째, 추진력은 도심재생 사업의 실행에 있어서 시민단체나 자영업 종사자들이 중심이 되어 사업화를 실천할 구심체로서의 환경이 조성되어 있는가와 인적·물적 요건이 구비되어 있는가를 포괄하는 분석항목이다. 넷째, 실현성은 도심재생 사업이 단기계획이나 마스터플랜 등의 방식으로 각종 정책과의 친화성이 높은 사업인가와 해당 사업의 실천에 있어 제약요인이 적고, 적절한 시기에 실행에 옮겨지는 것이 가능한 사업인가에 대한 분석항목이다.

2) 중점사업 도출항목

4가지 분석항목을 통하여 광주광역시가 수행하고 있는 21개 사업에 대한 분석을 실시한 다음, 4가지 항목을 중요성과 사업성이라는 두 가지 측면으로 재정리하여 중점사업과 우선순위를 도출한다. 여기서 중요성은 분석항목에서 필요성과 효과성을 묶어서 정리한 것이며, 사업성은 추진력과 실현성을 묶어서 정리한 것이다.

나. 분석방법

도심재생 사업의 분석방법은 앞에서 제시한 21개의 사업을 4가지 영역별로 분석항목인 필요성과 효과성, 추진력과 실현성 측면에서 5점 척도로 평가하여 각각의 사업에 대한 평가를 실시하였다. 다음으로 중요성과 사업성 차원에서 각각의 사업을 5점 척도의 평균치를 통해 분석하였다. 이 결과를 토대로 중요성과 사업성을 두 축으로 하는 모형을 통해 중점사업을 도출하여 우선적으로 고려해야 할 대상에 대한 정리를 시도하였다. 도심재생 사업의 분석에 대한 전반적인 흐름을 소개하면 〈그림 4-1〉과 같다.

〈그림 4-1〉 도심재생 사업분석의 흐름도

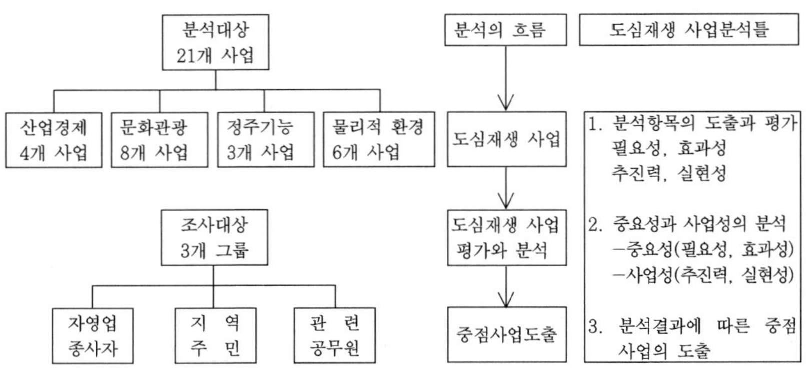

3. 영역별 분석 결과

가. 산업·경제 활성화 사업

1) 분석항목에 따른 분석결과

산업·경제적 활성화를 위한 도심재생 사업의 분석결과 필요성에 있어서는 재래시장 정비사업(남광주·대인·양동시장)이 평균 4.4로 가장 높은 수치를 보였다. 다음으로는 문화산업 클러스터(사직공원 일원)가 평균 4.2, 디지털 컨텐츠센터 건립이 4.1이었으며, 광주인쇄센터 건립이 3.4로 나타났다. 효과성에 있어서는 재래시장 정비사업과 문화산업 클러스터가 각각 평균 4.0으로 가장 높은 수치를 보였으며, 디지털 컨텐츠센터 건립이 3.9, 광주인쇄센터 건립이 3.4로 나타났다.

추진력에 있어서는 문화산업 클러스터와 디지털 컨텐츠센터 건립이 각각 3.3, 재래시장 정비사업이 3.2, 광주인쇄센터 건립이 2.9로 나타났다. 실현성에 있어서 재래시장 정비사업과 문화산업 클러스터, 디지털 컨텐츠센터 건립이 각각 3.3으로 나타났고, 광주인쇄센터 건립은 2.9로 평가되었다.

〈표 4-5〉 산업 · 경제 활성화 사업

구 분	필요성	효과성	추진력	실현성
· 재래시장 정비사업(남광주 · 대인 · 양동시장)	4.4	4.0	3.2	3.3
· 광주인쇄센터 건립	3.4	3.4	2.9	2.9
· 문화산업 클러스터(사직공원 일원)	4.2	4.0	3.3	3.3
· 디지털 컨텐츠센터 건립	4.1	3.9	3.3	3.3
4개 사업 평균	4.0	3.8	3.2	3.2

2) 중요성과 사업성에 따른 분석결과

4가지 분석항목을 중요성과 사업성으로 유형화하여 분석한 결과는 다음과 같다. 중요성에 있어서는 재래시장 정비사업이 4.2로 가장 높은 평가를 받았고, 문화산업 클러스터가 4.1, 디지털 컨텐츠센터 건립이 4.0, 광주인쇄센터 건립은 3.4로 상대적으로 낮은 평균치를 보였다.

〈표 4-6〉 산업 · 경제 활성화 사업분석

구 분	중요성	사업성
· 재래시장 정비사업(남광주 · 대인 · 양동시장)	4.2	3.2
· 광주인쇄센터 건립	3.4	2.9
· 문화산업 클러스터(사직공원 일원)	4.1	3.3
· 디지털 컨텐츠센터 건립	4.0	3.3
4개 사업 평균	3.9	3.2

사업성에 있어서는 중요성보다는 상대적으로 낮은 평균치를 보이고 있는데, 문화산업 클러스터와 디지털 컨텐츠센터 건립이 각각 3.3으로 평가되었고, 재래시장 정비사업이 3.2, 광주인쇄센터 건립이 2.9로 나타났다.

중요성과 사업성을 통하여 중요사업의 도출과 우선순위를 평가한 결과를 보면 〈그림 4-2〉과 같다.

산업·경제 활성화 사업의 경우, 총 4개 사업 중 3개 사업이 중요성이 높기 때문에 사업추진상의 현실적인 한계와 과제를 극복하면서 계획적으로 추진해야 할 사업으로 분류되었다. 그중에서도 문화산업 클러스터 사업이 가장 우선적으로 추진되어야 할 사업으로 나타났으며, 다음으로 디지털 컨텐츠센터 설립과 재래시장 정비사업순으로 중점사업이 도출되었다.

〈그림 4-2〉 산업·경제 활성화의 중점사업 도출

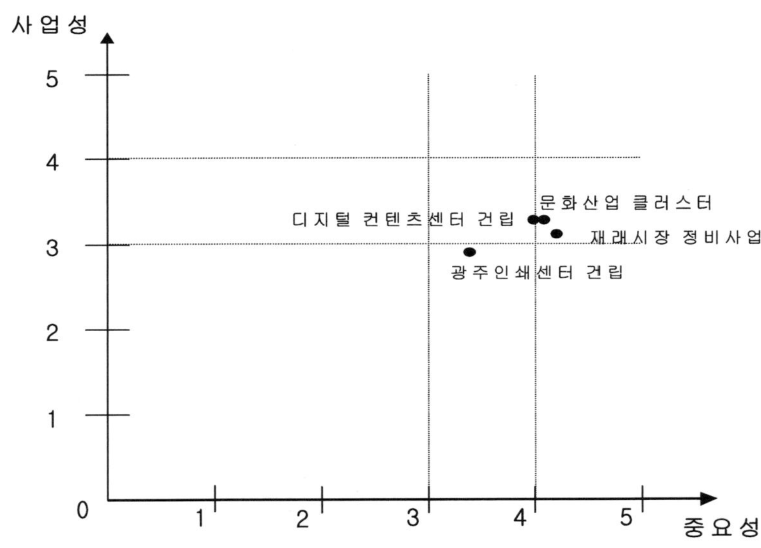

나. 문화·관광 활성화 사업

1) 분석항목에 따른 분석결과

문화·관광 활성화와 관련한 사업을 대상으로 평가를 실시한 결과, 필요성에 있어서는 충장로 일원의 특화거리 조성방안이 평균 4.2로 가장 높은 필요성을 보였으며, 다음으로 국립 아시아 문화전당과 인권의 거리 조성이 각각 4.1, 궁동 문화마당 조성이 3.9, 위락지구 집단화시설 조성과 전통문화 체험관 조성이 각각 3.7, 4계절 도심대표 축제개최가 3.6, 개화기 역사문화마을 조성이 3.5순으로 나타났다. 효과성에 있어서는 특화거리 조성방안이 4.0으로 가장 높게 나타났으며, 국립광주 아시아 문화전당과 인권의 거리 조성이 각각 3.9, 궁동 문화마당 조성이 3.7, 위락시설 집단화 지구 조성과 4계절 도심대표 축제 개최, 전통문화 체험관 조성이 각각 3.6으로 나타났고, 개화기 역사문화마을 조성이 3.4로 평가되었다.

추진력에 있어서는 앞서 평가된 항목보다 상대적으로 낮은 평가를 보이고 있는데, 특화거리 조성방안과 인권의 거리 조성이 각각 3.4로 가장 높은 평가를 받았으며, 국립 광주 아시아 문화전당과 전통문화 체험관 조성이 각각 3.3, 궁동 문화마당 조성이 3.2, 4계절 도심대표축제 개최가 3.1, 개화기 역사문화마을 조성과 위락시설 집단화 지구 조성이 각각 3.0으로 평가되었다. 실현성에 있어서는 특화거리 조성방안이 3.4로 가장 높은 평가를 받았으며, 국립 광주 아시아 문화전당과 인권의 거리 조성이 각각 3.3, 궁동 문화마당 조성과 전통문화 체험관 조성이 각각 3.2, 개화기 역사문화마을 조성과 4계절 대표도심축제 개최가 각각 3.1, 위락시설 집단화 지구 조성이 3.0으로 나타났다.

〈표 4-7〉 문화 · 관광 활성화 사업

구 분	필요성	효과성	추진력	실현성
· 국립 광주 아시아 문화전당	4.1	3.9	3.3	3.3
· 개화기 역사문화마을 조성(양림동 일원)	3.5	3.4	3.0	3.1
· 궁동문화마당 조성(궁동 일대)	3.9	3.7	3.2	3.2
· 특화거리 조성방안(충장로 일원)	4.2	4.0	3.4	3.4
· 인권의 거리 조성(금남로 일대)	4.1	3.9	3.4	3.3
· 위락시설 집단화 지구 조성	3.7	3.6	3.0	3.0
· 4계절 도심대표축제 개최	3.6	3.6	3.1	3.1
· 전통문화(충 · 효 · 예) 체험관 조성	3.7	3.6	3.3	3.2
8개 사업 평균	3.9	3.7	3.2	3.2

2) 중요성과 사업성에 따른 분석결과

4가지 분석항목을 중요성과 사업성으로 유형화하여 분석한 결과를 보면 다음과 같다. 중요성에 있어서는 특화거리 조성사업이 4.1로 가장 높은 평가를 받았고, 국립 광주 아시아 문화전당과 인권의 거리 조성이 각각 4.0, 궁동 문화마을 조성이 3.8로 나타났으며, 위락시설집단화 지구조성과 전통문화 체험관 조성이 각각 3.7, 4계절 도심대표축제 개최가 3.6, 개화기 역사문화마을 조성은 3.4로 상대적으로 낮은 평균치를 보였다.

사업성에 있어서는 중요성보다는 상대적으로 낮은 평균치를 보이고 있는데, 특화거리 조성사업이 3.4로 가장 높은 평가를 받았고, 다음으로 인권의 거리 조성이 3.4, 국립 광주 아시아 문화전당이 3.3, 전통문화 체험관 조성이 3.3, 궁동 문화마을 조성이 3.2로 나타났으며, 4계절 도심대표축제 개최가 3.1, 개화기 역사문화마을 조성은 3.1, 위락시설집단화 지구조성이 3.0으로 상대적으로 낮은 평균치를 보였다.

〈표 4-8〉 문화・관광 활성화 사업

구 분	중요성	사업성
· 국립 광주 아시아 문화전당	4.0	3.3
· 개화기 역사문화마을 조성(양림동 일원)	3.5	3.1
· 궁동문화마당 조성(궁동 일대)	3.8	3.2
· 특화거리 조성방안(충장로 일원)	4.1	3.4
· 인권의 거리 조성(금남로 일대)	4.0	3.4
· 위락시설 집단화 지구 조성	3.7	3.0
· 4계절 도심대표축제 개최	3.6	3.1
· 전통문화(충・효・예) 체험관 조성	3.7	3.3
8개 사업 평균	3.8	3.2

중요성과 사업성을 통하여 중요사업의 도출과 우선순위를 평가한 결과를

보면 〈그림 4-3〉과 같다.

〈그림 4-3〉 문화 · 관광 활성화의 중점사업 도출

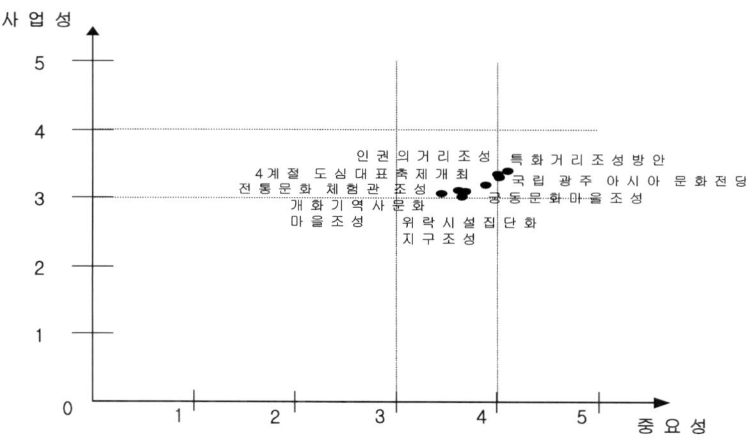

문화 · 관광 활성화 사업에 있어서 중점사업을 살펴보면, 특화거리 조성방안을 최우선으로 하여, 인권의 거리 조성과 국립 광주 아시아 문화전당 조성사업이 중요성이 높기 때문에 사업추진상의 현실적 한계와 과제를 극복하면서 계획적으로 추진해야 할 사업으로 분류되었다. 다음으로 4계절 도심대표 축제개최와 궁동 문화마을 조성사업, 위락시설집단화 지구조성, 전통문화 체험관 조성, 개화기 역사문화 마을조성 사업 등은 중요성과 사업성 모두에 있어서 평균 수준을 갖춘 사업으로 분류되었다.

다. 정주기능 정비사업

1) 분석항목에 따른 분석결과

정주기능정비를 위한 도심재생 사업의 분석결과, 필요성에 있어서는 광주천 복합주거단지 조성이 평균 4.1로 가장 높은 수치를 보였다. 다음으로는 금동 구역 도심재개발사업과 학2동 구역 도심재개발사업이 각각 평균 3.9로 평가되었다. 효과성에 있어서는 광주천 복합주거단지 조성이 평균 3.9로 가장 높은 수치를 보였다. 다음으로는 금동 구역 도심재개발사업이 3.8, 학2동 구역 도심재개발사업이 평균 3.7로 평가되었다. 추진력에 있어서는 광주천 복합주거단지 조성과 금동 구역 도심재개발사업, 학2동 구역 도심재개발사업이 각각 평균 3.2로 같은 평가치를 보였다. 끝으로 실현성에 있어서는 광주천 복합주거단지 조성이 평균 3.2로 가장 높은 수치를 보였다. 다음으로는 금동 구역 도심재개발사업과 학2동 구역 도심재개발사업이 각각 평균 3.1로 평가되었다.

〈표 4-9〉 정주기능 정비사업

구 분	필요성	효과성	추진력	실현성
· 광주 천변 복합주거단지 조성(양림동)	4.1	3.9	3.2	3.2
· 금동 구역 도심재개발사업	3.9	3.8	3.2	3.1
· 학2동 구역 도심재개발사업	3.9	3.7	3.2	3.1
3개 사업 평균	3.9	3.8	3.2	3.1

2) 중요성과 사업성에 따른 분석결과

4가지 분석항목을 중요성과 사업성으로 유형화하여 분석한 결과는 다음과 같다. 중요성 측면에서는 광주 천변 복합주거단지 조성이 평균 4.0으로 가장 높은 평가를 받았고, 다음으로 금동 구역 도심재개발사업이 3.9, 학2동 구역 도심재개발사업이 3.8로 나타났다. 사업성 측면에서는 광주 천변 복합주거단지 조성이 평균 3.2로 가장 높은 평가를 받았고, 다음으로 금동 구역 도심재개발사업과 학2동 구역 도심재개발사업이 각각 3.15로 나타났다.

〈표 4-10〉 정주기능 정비사업

구 분	중요성	사업성
· 광주 천변 복합주거단지 조성(양림동)	4.0	3.2
· 금동 구역 도심재개발사업	3.9	3.2
· 학2동 구역 도심재개발사업	3.8	3.2
3개 사업 평균	3.9	3.2

중요성과 사업성을 통하여 중요사업의 도출과 우선순위를 평가한 결과를 보면 〈그림 4-4〉과 같다.

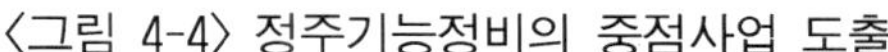
〈그림 4-4〉 정주기능정비의 중점사업 도출

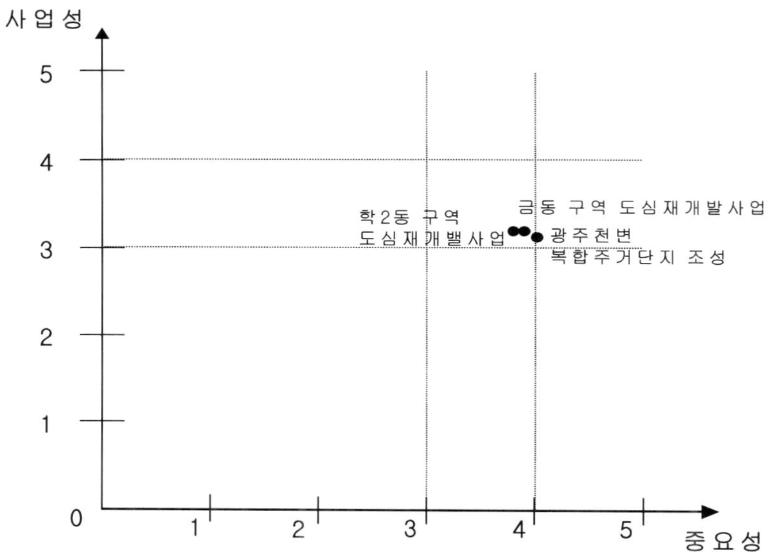

중점사업을 보면, 광주 천변 복합주거단지 조성이 중요성이 높기 때문에 사업추진상의 과제를 극복하면서 계획적으로 추진해야 할 사업으로 분류되어 정주기능정비 분야에서 가장 우선적으로 추진할 사업으로 분석되었다. 다

음으로 금동 구역 도심재개발사업과 학2동 구역 도심재개발사업이 각각 중요성과 사업성 모두 평균 수준으로 순차적으로 시도될 사업으로 분석되었다.

라. 물리적 환경정비 사업

1) 분석항목에 따른 분석결과

물리적 환경정비를 위한 도심재생 사업의 분석결과, 필요성에 있어서는 전남여고와 도청 등 도심주차장 확충이 평균 4.5로 가장 높은 수치를 보였다. 다음으로는 광주천 친수공간 조성이 4.3, 광주·사직공원 활성화 사업이 4.2, 금남로 대중 교통몰 조성이 4.1, 간이 환승센터 설치와 구한국은행부지 공원화 사업이 각각 4.0으로 평가되었다. 효과성에 있어서는 전남여고와 도청 등 도심주차장 확충이 평균 4.3으로 가장 높은 수치를 보였다. 다음으로는 광주천 친수공간 조성이 4.1, 광주·사직공원 활성화 사업이 4.0, 금남로 대중 교통몰 조성과 간이 환승센터 설치, 구한국은행부지 공원화 사업이 각각 3.9로 평가되었다. 추진력에 있어서는 광주천 친수공간 조성이 평균 3.6으로 가장 높은 수치를 보였다. 전남여고와 도청 등 도심주차장 확충과 광주·사직공원 활성화 사업이 각각 3.5, 금남로 대중 교통몰 조성과 간이 환승센터 설치, 구한국은행부지 공원화 사업이 각각 3.3으로 평가되었다. 실현성에 있어서는 광주천 친수공간 조성이 평균 3.5로 가장 높은 수치를 보였다. 전남여고와 도청 등 도심주차장 확충과 광주·사직공원 활성화 사업이 3.4, 간이 환승센터 설치가 3.3, 금남로 대중 교통몰 조성과 구한국은행부지 공원화 사업이 각각 3.2로 평가되었다.

〈표 4-11〉 물리적 환경정비 사업

구 분	필요성	효과성	추진력	실현성
· 금남로 대중 교통몰 조성(도청~금남로3가)	4.1	3.9	3.3	3.2
· 도심주차장 확충(전남여고, 도청 등)	4.5	4.3	3.5	3.4
· 간이 환승센터 설치(도청 앞)	4.0	3.9	3.3	3.3
· 광주천 친수공간 조성	4.3	4.1	3.6	3.5
· 구한국은행부지 공원화 사업	4.0	3.9	3.3	3.2
· 광주·사직공원 활성화 사업	4.2	4.0	3.5	3.4
6개 사업nk 평균	4.1	4.0	3.4	3.3

2) 중요성과 사업성에 따른 분석결과

4가지 분석항목을 중요성과 사업성으로 유형화하여 분석한 결과는 다음과 같다. 중요성 측면에서는 도심 주차공간의 확충이 평균 4.4로 가장 높은 평가를 받았고, 다음으로 광주천 친수공간 조성사업이 4.2, 광주·사직공원 활성화 사업이 4.1, 금남로 대중 교통몰 조성이 4.0, 간이 환승센터 설치와 구한국은행부지 공원화 사업이 각각 4.1로 나타났다. 사업성 측면에서는 광주천 친수공간 조성사업이 평균 3.6으로 가장 높은 평가를 받았고, 다음으로 도심 주차장 확충과 광주·사직공원 활성화 사업이 각각 3.5, 간이 환승센터 설치가 3.3, 금남로 대중 교통몰 조성과 구한국은행부지 공원화 사업이 각각 3.3으로 나타났다.

〈표 4-12〉 물리적 환경정비 사업분석

구 분	중요성	사업성
· 금남로 대중 교통몰 조성(도청~금남로3가)	4.0	3.3
· 도심주차장 확충(전남여고, 도청 등)	4.4	3.5
· 간이 환승센터 설치(도청 앞)	4.0	3.3
· 광주천 친수공간 조성	4.2	3.6
· 구한국은행부지 공원화 사업	4.0	3.3
· 광주·사직공원 활성화 사업	4.1	3.5
6개 사업 평균	4.1	3.4

중요성과 사업성을 통하여 중요사업의 도출과 우선순위를 평가한 결과를 보면 〈그림 4-5〉과 같다.

〈그림 4-5〉 물리적 환경정비의 중점사업

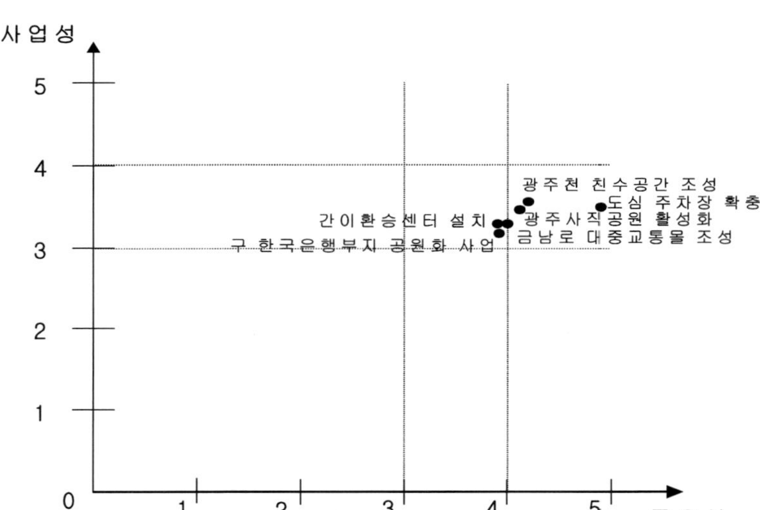

물리적 환경정비 사업 분야에서는 도심주차장 확충사업을 최우선으로 하여, 광주천 친수공간 조성과 광주·사직공원의 활성화 사업순으로 중점 사업을 도출할 수 있으며, 이 사업들은 중요성이 높기 때문에 사업추진상의 한계와 과제를 극복하면서 계획적으로 추진해야 할 사업으로 분석되었다. 다음으로 금남로 대중 교통몰 조성과 간이 환승센터 설치, 그리고 구한국은행부지 공원화 사업순으로 중요성과 사업성 측면에서 각각 평균 수준을 나타냈으며, 순차적으로 고려될 사업으로 분석되었다.

4. 도심재생 사업분석의 종합

1) 분석항목에 따른 분석결과 종합

4개의 분석항목별로 각 사업 분야의 평가치를 종합해 보면, 필요성에 있어서는 물리적 환경정비 분야가 평균 4.18로 가장 높게 나타났다. 다음으로 산업·경제 활성화 분야가 4.02, 정주기능정비 분야가 3.97, 문화·관광 활성화 분야가 3.85로 나타났다. 따라서 물리적 환경정비에 대한 문제의 심각성이 가장 두드러져 사업 수행이 가장 필요한 것으로 판단된다. 효과성에 있어서는 물리적 환경정비가 평균 4.02로 가장 높게 나타났다. 다음으로 산업·경제 활성화 분야가 3.82, 정주기능정비가 3.80, 문화·관광 활성화 분야가 3.71로 나타나 물리적 환경정비 사업의 효과성이 가장 기대되는 것으로 나타났다. 추진력에 있어서는 물리적 환경정비 사업이 평균 3.42로 가장 높게 나타났다. 다음으로 문화·관광 활성화 분야가 3.21, 정주기능의 정비가 3.20, 산업·경제 활성화 분야가 3.18로 나타났다. 실현성에 있어서는 물리적 환경정비가 평균 3.33으로 가장 높게 나타났다. 다음으로 산업·경제 활성화 분야와 문화·관광 활성화 분야가 각각 3.20으로 나타났고, 끝으로 정주기능정비가 3.13으로 나타났다. 종합해 보면, 물리적 환경정비에 대한 문제성과 기대치 그리고 실천성에 있어서의 평가가 가장 높은 것으로 나타났다.

〈표 4-13〉 21개 도시재생사업 분석항목별 종합

사업 분야	도심활성화 사업 내용	필요성	효과성	추진력	실현성
산업·경제 활성화	· 재래시장 정비사업(남광주·대인·양동시장)	4.40	4.00	3.20	3.30
	· 광주인쇄센터 건립	3.40	3.40	2.90	2.90
	· 문화산업 클러스터(사직공원 일원)	4.20	4.00	3.30	3.30
	· 디지털 컨텐츠센터 건립	4.10	3.90	3.30	3.30
	4개 사업 평균	4.02	3.82	3.18	3.20

사업 분야	도심활성화 사업 내용	필요성	효과성	추진력	실현성
문화·관광 활성화	· 국립 광주 아시아 문화전당	4.10	3.90	3.30	3.30
	· 개화기 역사문화마을 조성(양림동 일원)	3.50	3.40	3.00	3.10
	· 궁동문화마당 조성(궁동 일대)	3.90	3.70	3.20	3.20
	· 특화거리 조성방안(충장로 일원)	4.20	4.00	3.40	3.40
	· 인권의 거리 조성(금남로 일대)	4.10	3.90	3.40	3.30
	· 위락시설 집단화 지구 조성	3.70	3.60	3.00	3.00
	· 4계절 도심대표축제 개최	3.60	3.60	3.10	3.10
	· 전통문화(충·효·예) 체험관 조성	3.70	3.60	3.30	3.20
	8개 사업 평균	3.85	3.71	3.21	3.20
정주 기능 정비	· 광주 천변 복합주거단지 조성(양림동)	4.10	3.90	3.20	3.20
	· 금동 구역 도심재개발사업	3.90	3.80	3.20	3.10
	· 학2동 구역 도재개발사업	3.90	3.70	3.20	3.10
	3개 사업 평균	3.97	3.80	3.20	3.13
물리적 환경 정비	· 금남로 대중 교통몰 조성(도청~금남로3가)	4.10	3.90	3.30	3.20
	· 도심주차장 확충(전남여고, 도청 등)	4.50	4.30	3.50	3.40
	· 간이 환승센터 설치(도청 앞)	4.00	3.90	3.30	3.30
	· 광주천 친수공간 조성	4.30	4.10	3.60	3.50
	· 구한국은행부지 공원화 사업	4.00	3.90	3.30	3.20
	· 광주·사직공원 활성화 사업	4.20	4.00	3.50	3.40
	6개 사업 평균	4.18	4.02	3.42	3.33

2) 중요성과 사업성에 따른 분석결과 종합

중요성에 있어서는 물리적 환경정비가 평균 4.10으로 가장 높게 나타났고, 다음으로 산업·경제 활성화 분야가 3.92, 정주기능정비가 3.89, 문화·관광 활성화 분야가 3.78로 나타나 사업의 중요성에 있어서는 물리적 환경정비가 가장 우선적으로 고려될 사업 분야로 나타났다. 사업성에 있어서는 물리적 환경정비가 3.38로 가장 높은 평가치를 보이고 있다. 다음으로 문화·관광 활성화 분야가 3.21, 정주기능정비가 3.17, 산업·경제 활성화 분야가 3.16으로 각각 나타났다.

〈표 4-14〉 중요성과 사업성에 따른 분석종합

사업 분야	도심활성화 사업 내용	중요성	사업성
산업 · 경제 활성화	· 재래시장 정비사업(남광주 · 대인 · 양동시장)	4.20	3.15
	· 광주인쇄센터 건립	3.40	2.90
	· 문화산업 클러스터(사직공원 일원)	4.10	3.30
	· 디지털 컨텐츠센터 건립	4.00	3.30
	4개 사업 평균	3.92	3.16
문화 · 관광 활성화	· 국립 광주 아시아 문화전당	4.00	3.30
	· 개화기 역사문화마을 조성(양림동 일원)	3.45	3.05
	· 궁동문화마당 조성(궁동 일대)	3.80	3.20
	· 특화거리 조성방안(충장로 일원)	4.10	3.40
	· 인권의 거리 조성(금남로 일대)	4.00	3.35
	· 위락시설 집단화 지구 조성	3.65	3.00
	· 4계절 도심대표축제 개최	3.60	3.10
	· 전통문화(충 · 효 · 예) 체험관 조성	3.65	3.25
	8개 사업 평균	3.78	3.21
정주 기능 정비	· 광주 천변 복합주거단지 조성(양림동)	4.00	3.20
	· 금동 구역 도심재개발사업	3.85	3.15
	· 학2동 구역 도심재개발사업	3.80	3.15
	3개 사업 평균	3.89	3.17
물리적 환경 정비	· 금남로 대중 교통몰 조성(도청~금남로3가)	4.00	3.25
	· 도심주차장 확충(전남여고, 도청 등)	4.40	3.45
	· 간이 환승센터 설치(도청 앞)	3.95	3.30
	· 광주천 친수공간 조성	4.20	3.55
	· 구한국은행부지 공원화 사업	3.95	3.25
	· 광주 · 사직공원 활성화 사업	4.10	3.45
	6개 사업 평균	4.10	3.38

종합해 보면, 전체 사업에 있어서 중요성이 상대적으로 높은 평가를 받고 있는 반면, 사업성은 낮은 수치를 보임으로서 현실적으로 사업을 수행하는 과정에서의 한계와 문제들이 많을 것으로 판단되며, 사업수행에 있어서 한계와 문제를 극복하면서 계획적으로 사업을 수행해야 할 것으로 생각된다.

도심활성화 사업의 21개 사업 중 중요성이 상대적으로 높게 평가되고 있으나, 사업성은 다소 낮은 평가를 보이는 사업이 다수 존재하는 것으로 나타났다. 특히, 물리적 환경정비와 관련한 사업들이 이 영역에 해당하는 것으로 나타났다. 그리고 문화·관광 활성화 분야의 사업들이 우선순위에 있어서는 상대적으로 낮은 평가를 보이고 있다.

〈그림 4-6〉 중점사업의 도출

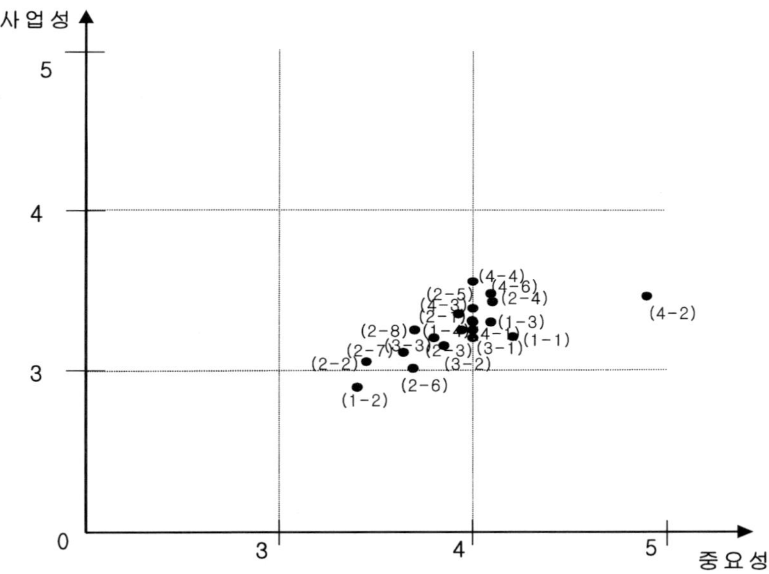

주: 1. 산업경제 활성화 사업 〔1-1: 재래시장 정비사업, 1-2: 광주인쇄센터 건립, 1-3: 문화산업 클러스터, 1-4: 디지털 컨텐츠센터 건립〕, 2. 문화관광 활성화 사업 〔2-1: 국립 광주 아시아 문화전당, 2-2: 개화기 역사문화마을 조성, 2-3: 궁동문화마당 조성, 2-4: 특화거리 조성방안, 2-5: 인권의 거리조성, 2-6: 위락시설 집단화 지구 조성, 2-7: 4계절 도심대표축제 개최, 2-8: 전통문화 체험관 조성〕, 3. 정주기능정비 사업 〔3-1: 광주 천변 복합주거단지 조성, 3-2: 금동 구역 도심재개발사업, 3-3: 학2동 구역 도심재개발사업〕, 4. 물리적 환경정비 사업 〔4-1: 금남로 대중교통몰 조성, 4-2: 도심주차장 확충, 4-3: 간이 환승센터 설치, 4-4: 광주천 친수공간 조성, 4-5: 구한국은행부지 공원화 사업, 4-6: 광주·사직공원 활성화 사업〕.

제3절 도심재생 방안을 위한 의견조사

1. 공간구조 차원의 접근

도심문제 개선은 도심과 도시 외곽지역 간 모순되지 않는 도시기능의 분담과 역할정립 등 도시 전체 공간구조 차원에서의 접근이 필요하다.

가. 도심지역이 갖는 특성

향후 도심이 어떠한 기능을 가져야 바람직한 도심활성화를 이룰 수 있는지 판단하는 것은 매우 중요하다. 기존의 도심 전통기능인 상업·업무·중추관리 기능 등을 회복할 것인지, 문화·역사적 기능을 통해 도심의 정체성을 높일 것인지, 국제적 기능을 부여하여 새로운 도시의 중심지로 탈바꿈할 것인지 등 다양한 관점에서 도심기능 유치 및 강화를 고려할 수 있을 것이다.

도심지역이 갖는 특성을 묻는 질문에 대해서 "패션점 등 전문상가의 중심지"가 전체에서 146명(40.2%)으로 가장 높게 응답하였고, "문화의 중심지"가 113명(31.1%), "오랜 역사성과 상징성"이 52명(14.3%), "교통의 중심지"가 42명(11.6%), "기타"가 10명(2.8%)순으로 응답하였다.

그룹별로 살펴보면, 자영업 종사자 56명(46.3%), 지역주민 48명(39.7%)은 "패션점 등 전문상가의 중심지"를 도심지역이 갖는 특성으로 보았으나, 관련 공무원은 "패션점 등 전문상가의 중심지"와 "문화의 중심지"를 각각 42명(34.7%)으로 도심지역이 갖는 특성으로 보았다. 즉, 도심지역이 갖는 특성에 대해서 이러한 차이는 유의미한($p<0.05$) 것으로 나타났다. 자영업 종사자나 지역주민의 경우, 도심의 경제 및 소비활동에 비중을 두고 있는 반면, 관련 공무원의 경우, 문화적 측면도 동시에 비중 있게 고려하고 있는 것으로 생각된다.

〈표 4-15〉 도심지역이 갖는 특성

(단위: 명, %)

구 분	자영업종사자	지역주민	관련 공무원	전 체
패션점 등 전문상가의 중심지	56(46.3)	48(39.7)	42(34.7)	146(40.2)
문화의 중심지	36(29.8)	35(28.9)	42(34.7)	113(31.1)
교통의 중심지	6(5.0)	27(22.3)	9(7.4)	42(11.6)
오랜 역사성과 상징성	21(17.4)	4(3.3)	27(22.3)	52(14.3)
기 타	2(1.7)	7(5.8)	1(0.8)	10(2.8)
합 계	121(100.0)	121(100.0)	121(100.0)	363(100.0)

χ^2=43.840, df=8, p=0.000.

나. 도심 밖 신규개발이 도심쇠퇴에 미치는 영향

도심 밖 지역의 신규개발이 도심쇠퇴에 미치는 영향에 대해서 어떻게 생각하느냐는 질문에 대해서 "매우 크다" 116명(32.0%), "크다" 162명(44.6%)으로 278명(76.6%)이 도심쇠퇴에 미치는 영향이 크다고 생각하는 것으로 나타났다. 이 중 관련 공무원이 106명(87.6%)으로 가장 높았으며, 자영업 종사자가 96명(79.3%), 지역주민이 76명(62.8%)이고, 이러한 차이는 유의미한($p<0.05$) 것으로 나타났다. 신도심의 개발이 구도심에 미치는 영향의 정도에 대해서 관련 공무원 집단과 자영업종사자들의 경우, 심각성에 대한 인식이 더 높게 나타났으며, 지역주민은 상대적으로 더 낮게 나타났다.

〈표 4-16〉 도심 밖 신규개발이 도심쇠퇴에 미치는 영향

(단위: 명, %)

구 분	자영업종사자	지역주민	관련 공무원	전 체
매우 크다	28(23.1)	27(22.3)	61(50.4)	116(32.0)
크 다	68(56.2)	49(40.5)	45(37.2)	162(44.6)
보통이다	21(17.4)	35(28.9)	7(5.8)	63(17.4)
크지 않다	3(2.5)	8(6.6)	7(5.8)	18(5.0)
전혀 크지 않다	1(0.8)	2(1.7)	1(0.8)	4(1.1)
합 계	121(100.0)	121(100.0)	121(100.0)	363(100.0)

$\chi^2=46.455$, df=8, p=0.000.

2. 실천적 집행수단 확보

가. 도심활성화 비용부담의 주체

도심활성화를 위한 비용부담을 누가 부담해야 한다고 생각하느냐는 질문에 대해서 "중앙정부"가 전체에서 158명(43.5%)으로 가장 높게 응답하였고, "광역시"가 144명(39.7%), "자치구청"이 29명(8.0%), "도심지역 주민"이 16명(4.4%), "도심지역 자영업 종사자"가 9명(2.5%), "기타"가 7명(1.9%)순으로 응답하였다.

〈표 4-17〉 도심활성화 비용부담의 주체

(단위: 명, %)

구 분	자영업종사자	지역주민	관련 공무원	전 체
중앙정부	61(50.4)	42(34.7)	55(45.5)	158(43.5)
광역시	48(39.7)	47(38.8)	49(40.5)	144(39.7)
자치구청	9(7.4)	19(15.7)	1(0.8)	29(8.0)
자영업 종사자	1(0.8)	2(1.7)	6(5.0)	9(2.5)
지역주민	2(1.7)	7(5.8)	7(5.8)	16(4.4)
기 타	0(0.0)	4(3.3)	3(2.5)	7(1.9)
합 계	121(100.0)	121(100.0)	121(100.0)	363(100.0)

χ^2=31.957, df=10, p=0.000.

그룹별로 살펴보면, 자영업종사자 61명(50.4%), 관련 공무원 55명(45.5.7%)은 "중앙정부"가 도심활성화를 위한 비용부담의 주체로 응답하였으나, 지역주민 42명(34.7%)은 "광역시"가 도심활성화를 위한 비용 주체라고 응답하였다. 즉, 도심활성화 비용부담의 주체에 대해서 이러한 차이는 유의미한($p<0.05$) 것으로 나타났다. 실제 도심활성화 사업을 추진하고 있는 주체로서 관련 공무원이나 도심활성화에 대한 기대치가 높은 자영업종사자의 경우, 중앙정부 차원에서의 재정지원을 통한 도심활성화에 대한 의견이 많고, 지역주민의 경우 '광주광역시'의 비용부담을 더 바람직하게 생각하는 것으로 나타났다.

나. 도심지역 상권 활성화 방안

도심지역 상권을 활성화시키기 위한 가장 적절한 방안을 묻는 질문에 대하여 "교통개선, 가로정비 등 생활환경개선 조치"가 전체의 142명(39.1%)으로 가장 높게 응답하였고, "주요 기관 이전억제, 대형사업체의 유치 등"이 108명(29.8%), "세금감면, 저리융자알선 등 경제적 지원"이 55명(15.2%), "외곽의 신규개발억제 등 도시계획적 조치"가 41명(11.3%), "각종 규제완화, 행정간소화 등 행정조치"가 12명(3.3%), "기타"가 5명(1.4%)순으로 응답하였다.

〈표 4-18〉 도심지역 상권 활성화 방안

(단위: 명, %)

구 분	자영업종사자	지역주민	관련 공무원	전 체
세금감면, 저리융자 알선 등 경제적 지원	32(26.4)	16(13.2)	7(5.8)	55(15.2)
주요 기관 이전억제, 대형사업체의 유치 등	41(33.9)	33(27.3)	34(28.1)	108(29.8)
외곽의 신규개발억제 등 도시계획적 조치	16(13.2)	12(9.9)	13(10.7)	41(11.3)
교통개선, 가로정비 등 생활환경개선 조치	29(24.0)	52(43.0)	61(50.4)	142(39.1)
각종 규제완화, 행정간소화 등 행정조치	1(0.8)	7(5.8)	4(3.3)	12(3.3)
기 타	2(1.7)	1(0.8)	2(1.7)	5(1.4)
합 계	121(100.0)	121(100.0)	121(100.0)	363(100.0)

χ^2=35.588, df=10, p=0.000.

그룹별로 살펴보면, 자영업종사자 41명(33.9%)은 "주요 기관 이전억제, 대형사업체의 유치 등"이 도심지역 상권을 활성화시키기 위한 가장 적절한 방안이라고 응답하였으나, 지역주민 52명(43.0%), 관련 공무원 61명(50.4%)은 "교통개선, 가로정비 등 생활환경개선 조치"가 도심지역 상권을 활성화시키기 위한 가장 적절한 방안이라고 응답하였다. 즉, 도심지역 상권의 활성화 방안에 대해서 이러한 차이는 유의미한($p<0.05$) 것으로 나타났다. 자영업종사자의 경우, 상권형성과 경제활동을 위한 기반으로서의 대안을 우선적으로 선택한 것으로 생각되며, 지역주민과 관련 공무원의 생활환경에 더 비중을 두어 선택한 것으로 생각된다.

다. 재래시장 현대화를 위한 지원방식

재래시장 현대화를 위해 지방자치단체나 정부가 가장 우선적으로 지원해야 할 항목을 묻는 질문에 대해서 "시설 개·보수"가 전체에서 173명(47.7%)으로 가장 높게 응답하였고, "자금지원"이 110명(30.3%), "교통문제 해결"이 41명(11.3%), "세금혜택"이 22명(6.1%), "인허가 조건 완화"가 13명(3.6%), "기타"가 4명(4.1%)순으로 응답하였다.

〈표 4-19〉 재래시장 현대화

(단위: 명, %)

구 분	자영업종사자	지역주민	관련 공무원	전 체
시설 개·보수	36(29.8)	67(55.4)	70(57.9)	173(47.7)
자금지원	64(52.9)	26(21.5)	20(16.5)	110(30.3)
세금혜택	9(7.4)	8(6.6)	5(4.1)	22(6.1)
교통문제 해결	6(5.0)	11(9.1)	24(19.8)	41(11.3)
인허가 조건 완화	5(4.1)	7(5.8)	1(0.8)	13(3.6)
기 타	1(0.8)	2(1.7)	1(0.8)	4(1.1)
합 계	121(100.0)	121(100.0)	121(100.0)	363(100.0)

χ^2=61.967, df=10, p=0.000.

그룹별로 살펴보면, 자영업종사자 64명(52.9%)은 "자금지원"이 재래시장 현대화를 위해 지방자치단체나 정부가 가장 우선적으로 지원해야 할 항목으로 응답하였으나, 지역주민 67명(55.4%), 관련 공무원 70명(57.9%)은 "시설 개·보수"가 재래시장 현대화를 위해 가장 우선적으로 지원해야 할 항목이라고 응답하였다. 즉, 재래시장 현대화를 위한 지원 항목에 대해서 이러한 차이는 유의미한($p<0.05$) 것으로 나타났다. 이 항목에 있어서는 실제 자영업에 종사하고 있는 집단은 경제적인 문제로서 '자금지원'이 재래시장의 활성화와 현대화에 중요하다고 인식하고 있는 반면, 재래시장을 주로 이용하거나 관리하는 집단인 지역주민과 관련 공무원의 경우는 현재 노후된 시설의

'개·보수'와 같은 시설의 현대화에 비중을 두고 있는 것으로 생각된다.

3. 민간협력 추진체계 정비

가. 도심 관련 업무담당부서의 운영방안

각 부서별로 나누어져 있는 도심 관련 업무담당부서의 효율적인 운영방안을 묻는 질문에 대해서 "전담기구 신설"이 전체에서 178명(49.0%)으로 가장 높게 응답하였고, "관련 기구의 통폐합"이 101명(27.8%), "위원회 등 기능강화"가 44명(12.1%), "일부 직제를 조정하여 운영"이 22명(6.1%), "현재의 직제대로 운영"이 14명(3.9%), "기타"가 4명(4.1%)순으로 응답하였다.

그룹별로 살펴보면, 자영업종사자 48명(39.7%), 지역주민 47명(38.8%), 관련 공무원 83명(68.6%)이 "전담기구 신설"이 각 부서별로 나누어져 있는 도심 관련 업무담당부서의 효율적인 운영방안이라고 응답하였다. 특히 관련 공무원은 83명(68.6%)으로 상대적으로 높은 응답을 보였다. 즉, 각 부서별로 나누어져 있는 도심 관련 업무담당부서의 효율적인 운영방안에 대해서 이러한 차이는 유의미한($p<0.05$) 것으로 나타났다. 특히, 관련 공무원의 경우, 전담기구 신설을 통한 효율적인 운영방안에 대한 선호도가 두드러지게 높았으며, 상대적으로 지역주민과 자영업 종사자들의 경우는 관련 기구의 통폐합이나 위원회 등 기능강화에도 일정 비중을 두고 있는 의견차를 보였다.

〈표 4-20〉 도심 관련 업무담당부서의 운영방안

(단위: 명, %)

구 분	자영업종사자	지역주민	관련 공무원	전 체
관련 기구의 통폐합	41(33.9)	40(33.1)	20(16.5)	101(27.8)
전담기구 신설	48(39.7)	47(38.8)	83(68.6)	178(49.0)
위원회 등 기능강화	20(16.5)	19(15.7)	5(4.1)	44(12.1)
일부 직제를 조정·운영	10(8.3)	8(6.6)	4(3.3)	22(6.1)
현 직제대로 운영	1(0.8)	4(3.3)	9(7.4)	14(3.9)
기 타	1(0.8)	3(2.5)	0(0.0)	4(1.1)
합 계	121(100.0)	121(100.0)	121(100.0)	363(100.0)

χ^2=45.142, df=10, p=0.000.

나. 도심활성화 사업 과정의 참여

도심활성화 사업 과정에서 도심 지역주민(자영업자 포함)의 참여가 가장 필요한 단계를 묻는 질문에 대해서 "정책수립단계"가 전체에서 135명(37.2%)으로 가장 높게 응답하였고, "도시계획단계"가 97명(26.7%), "사업계획단계"가 61명(16.8%), "사업시행단계"가 56명(15.4%), "관리처분단계"가 13명(3.6%), "기타"가 1명(0.3%)순으로 응답하였다.

그룹별로 살펴보면, 자영업종사자 50명(41.3%)은 "도시계획단계", 지역주민 56명(46.3%), 관련 공무원 51명(42.1%)이 "정책수립단계"가 도심활성화 사업 과정에서 도심 지역주민의 참여가 가장 필요한 단계라고 응답하였다. 특히, 관련 공무원은 83명(68.6%)으로 상대적으로 높은 응답을 보였다. 즉, 도심활성화 사업 과정의 참여에 대해서 이러한 차이는 유의미한($p<0.05$) 것으로 나타났다. 자영업종사자의 경우는 도시계획 단계에서의 참여가 가장 필요하다고 생각하는 반면, 지역주민과 관련 공무원의 경우는 여론을 반영하여 정책을 수립하는 단계에 비중을 더 두고 있다. 자영업 종사자들의 경우는

실천단계에서의 구체적인 형태에 관심이 높고, 지역주민과 관련 공무원의 경우는 정책의 내용에 상대적으로 관심이 더 높은 것으로 생각된다.

〈표 4-21〉 도심활성화 사업 과정의 참여

(단위: 명, %)

구 분	자영업종사자	지역주민	관련 공무원	전 체
정책수립단계	28(23.1)	56(46.3)	51(42.1)	135(37.2)
도시계획단계	50(41.3)	28(23.1)	19(15.7)	97(26.7)
사업계획단계	12(9.9)	16(13.2)	33(27.3)	61(16.8)
사업시행단계	21(17.4)	19(15.7)	16(13.2)	56(15.4)
관리처분단계	10(8.3)	1(0.8)	2(1.7)	13(3.6)
기 타	0(0.0)	1(0.8)	0(0.0)	1(0.3)
합 계	121(100.0)	121(100.0)	121(100.0)	363(100.0)

χ^2=51.782, df=10, p=0.000.

제5장 지방 대도시 도심재생을 위한 정책방안

도심쇠퇴와 재생에 관한 이론적 고찰, 국내·외 도심재생 관련 정책과 제도, 도심변화의 양상과 원인, 관련 당사자 의견 등에 대한 검토와 분석을 근거로 하여 지방 대도시의 도심지역이 쇠퇴하지 않고 활력을 유지할 수 있으며, 지속적인 도시발전의 선도적 역할을 하기 위한 방안을 설정한다.

제1절 도심재생의 방향과 전략

도심활성화는 어떻게 실현할 수 있을까? 도심은 여러 가지 의미에 있어 지금까지도 지역경제의 발전과 풍요로운 생활의 실현에 커다란 역할을 하는 장소이다. 도심은 앞으로도 시대적 수요에 대응한 지역 커뮤니티의 중심으로서, 즉 사람이 살고, 자라고, 배우고, 일하고, 교류하는 장소로서 재생하는 것이 강하게 요구되고 있다(中心市街地活性化推進室, 2004).

1. 도심재생을 위한 기본방향

가. 도심으로의 흡인력 제고

도심지역의 활성화를 도모하기 위해서는 우선 어떻게 하면 도심으로 사람을 모으고, 번화함을 연출할 것인가가 중요하다. 이를 위해서 다음과 같은 노력이 필요하다.

첫째, 상업 등의 매력을 제고한다. 상점을 경영하는 자영업종사자 스스로

가 창의적인 노력을 집중하는 것뿐만 아니라 빈 상점, 공실 빌딩 등의 활용을 통한 시설믹스(tenant mix)의 실현, 재개발과 대규모 공지의 활용을 통한 핵심시설의 유치와 공동상점의 정비, 아케이드의 교체와 파사드의 개수를 통한 상점가 환경정비, 카드사업과 택배사업 등의 도입을 통한 서비스 향상 등 하드·소프트웨어 양면의 사업을 관계자가 협력하여 실시함으로써 도심 상업 자체의 매력을 제고하는 것이 중요하다. 또한 패션 관련 디자인·제작, 복지용구 개발·제작, 소프트웨어 개발이라고 하는 도시형 신사업은 새롭고 다양한 수요에 대응하는 상품과 서비스를 제공할 수 있을 뿐 아니라 도심의 사업 등 활성화에도 역할을 할 것으로 기대되고 있다. 이러한 도시형 신사업의 도심 입지를 촉진하기 위해 공동 전시·판매시설, 연구개발시설, 인큐베이터시설 등을 정비하는 것이 효과적이다.

둘째, 문화·교류·복지 등의 기능을 강화한다. 상업뿐만이 아니라 재개발, 구획정리와 함께 공공공익시설의 정비, 빈 상점과 기존 공익시설의 활용 등을 통해 문화, 교류, 복지, 학습, 정보 등에 관한 기능을 강화하고, 도심을 지역주민에게 있어 생활·교류의 거점으로서 정비하는 것도 중요하다.

셋째, 이벤트 등을 개최한다. 도심지역으로의 흡인력을 제고하기 위해서는 시설의 정비와 서비스의 향상뿐만 아니라 중심시가지에 외출하는 즐거움을 연출하기 위해 축제, 골목 콘서트, 새벽시장, 도예대회 등의 이벤트 개최와 그러한 이벤트가 가능한 장소를 준비하는 것도 효과적이다.

넷째, 도심을 방문하는 사람에게 눈을 돌린다. 도심의 번화함을 만들기 위해서는 그 지역에 살고 있는 사람뿐만 아니라 관광과 비즈니스를 목적으로 그 지역에 방문하는 사람을 늘리는 것도 하나의 대안이다. 이를 위해서는 지역 관광자원의 유효적절한 활용과 새로운 관광자원의 개발, 숙박시설의 확충과 지역정보 제공에 의한 서비스의 향상, 이들을 통한 각종 대회와 회의의 유치 등을 시행하는 것이 효과적이다.

나. 쾌적한 도심환경의 정비

도심에 온 사람이 기분 좋게 시간을 보낼 수 있도록 차도의 굴곡 등에 의해 스피드를 억제하여, 차와 보행자의 공존을 도모할 수 있는 커뮤니티도로 정비, 보도 확장, 회유 루트의 설정, 가로등의 설치 등을 통해 걷기 편한 환경을 정비하고, 공원과 광장, 공중화장실 등을 준비하여 휴식공간을 만드는 것이 중요하다. 특히, 고령자와 장애자가 안심하고 걸을 수 있는 장애물에 대한 배려와 가로의 통일, 전선류의 지중화 등을 통한 아름다운 경관형성의 배려도 필요하다.

한편, 걷기 편한 환경 만들기에는 통과 교통의 정비, 공공교통기관의 편리성 향상 등을 통해 도심에 필요 이상의 자동차교통 유입을 억제하는 것과 주차장정비 등을 들 수 있다.

다. 도심으로의 접근성 향상

도심으로의 접근성과 체류성을 증진시키기 위해서 도로와 주차장정비, 공공교통의 편의성 향상 등이 필요하다. 먼저 교외의 주택지와 도심을 연결하는 도로와 환상도로의 정비, 도심 내 자동차교통의 원활화를 통해 지체 해소, 적절한 장소에 주차장배치와 안내시스템 정비 등을 통해 자가용차를 이용하는 구매고객 등의 발길을 도심으로 향하게 하는 것이 중요하다.

다음으로 공공교통의 편의를 향상시킨다. 고령자와 어린이 등 자가용차에 의지할 수 없는 사람들이 도심으로 오기 쉽도록 하는 것과 함께 자가용차의 진입을 감소시켜 걷기 편한 환경 만들기에도 도움이 되도록 소형버스 등으로 중심시가지와 주변 주택지 등을 순환 운행 커뮤니티버스 도입, park and ride 실시, 철도 서비스의 향상, LRT 도입을 포함한 노면전차 정비, 교통 터미널 정비 등에 의해 공공교통의 편리성을 제고하는 것이 중요하다.

라. 도심주거환경의 개선

도심지역과 그 주변에 살고 있는 사람을 늘리고, 커뮤니티의 유지·회복을 도모하는 것은 도심의 상업·서비스업의 진흥과 번화함 만들기에 효과적일 뿐만 아니라 복지의 향상과 재해 시 안전성 향상에도 효과가 있다. 이를 위해서 살기 편한 환경을 정비하는 것과 새로운 거주자를 받아들이는 그릇인 주택공급을 늘리는 것이 중요하다. 또한, 도심활성화를 위한 사업과 병행하여 이전하는 사람을 수용할 수 있는 주택의 공급과 고령자를 배려한 실버하우징 등의 공급 등도 효과적이다.

2. 도심재생을 위한 전략

가. 도심기능의 강화

도심이 물리적 기능과 역사·문화적 가치를 보존하여 그 정체성을 유지하고, 중추적 공간으로서 그 기능을 수행하기 위한 전략은 다음과 같다.

첫째, 도시화의 과정에서 상당수의 역사적인 장소와 공간이 훼손되고 변질되어 도심지역의 정체성이 상실될 위기에 있다. 도심지역 내 도시의 역사성을 표현하는 문화유산 주변의 정비를 통해 역사적 정체성 제고를 위한 노력이 요구된다. 둘째, 도심의 중심성 유지를 위한 정책적 배려이다. 비도심지역에 대한 신개발 위주의 도시정책 수행은 도심기능의 분산을 가속화하므로 도시정책의 기조가 도심과 비도심의 균형적 발전을 이룩할 수 있도록 변화되어야 한다. 셋째, 중추관리 기능의 지속적 확대이다. 중앙정부의 공공시설 유치 및 신규로 설립될 필요성이 있는 시설을 발굴하여, 도심에 유치할 수 있는 방안을 능동적으로 마련해야 한다. 신규시설의 입지를 위하여 기존도심 공공기관의 이전적지를 활용해야 한다.

나. 도심산업의 육성

도심이 산업과 상업 활동의 중심적인 역할을 수행할 수 있도록 자체적으로 문화적 유인력과 특화산업과 같은 경제적 유인력 및 기존의 상업과 유통 기능을 강화할 수 있는 정책적 전략이 필요하다.

첫째, 도심문화산업의 육성이다. 도심문화산업은 지식산업으로서 환경친화적이고, 소비자와의 근접성이 요구된다는 점에서 도심입지가 적합한 산업이다. 지방 대도시는 수도권에 비하여 고급문화인력의 유인력이 떨어지지만, 자체적인 문화잠재력이 뛰어나다는 점에서 적극 도입할 필요가 있다. 둘째, 유망 신산업의 유치이다. 광주광역시의 경우 특화산업으로 설정된 광산업은 광산업집적화단지에서 기술개발, 생산, 전시, 유통 등 제반 기능을 집중적으로 담당하고 있다. 도심이 담당할 수 있는 분야는 광산업진흥회 등 행정지원 기능, 광산업 엔젤투자 및 창업펀드 등 투자유치기능, 일부 업무지원을 담당할 본사기능 등이다. 셋째, 기존업종의 보호 및 활성화이다. 도심의 유통업 및 재래시장이 침체되면 지역소득이 외부로 유출될 가능성이 크고, 영세업자의 생존이 위협된다는 점에서 보호할 필요성이 크다. 또한 지역특산물 공급과 도시환경정비라는 측면에서도 활성화가 필요하다.

다. 정주환경의 개선

도심이 가지고 있는 특성으로서 높은 지가와 조밀한 토지이용을 수용할 수 있는 범위 내에서 주거기능과 상업·업무기능을 조화함으로써 더 이상

주거기능이 쇠퇴하지 않고 다양하고 안정된 도심지역이 되도록 하기 위한 전략은 다음과 같다.

첫째, 상업·업무기능과 조화되는 복합적인 주거공간의 확보이다. 상업·업무특화지구의 경우 도심공간의 특성상 단일 주거기능만으로는 그 입지 타당성이 약하므로 인접한 업무기능과 주거기능을 복합화한 전략적 주거복합단지를 조성해야 한다.

둘째, 지구특성에 부합되는 도심주변부의 주거지정비이다. 기반시설이 부족한 지구는 기반시설충족형의 정비, 기반시설은 어느 정도 충족되어 있으나 주택의 상태가 불량한 지구는 주택개보수형 정비를 하는 등 지구의 특성에 따른 차별적인 정비방향을 설정한다. 도심의 특성을 활용하여 개성 있는 주거환경을 조성함으로써, 외곽지역과의 차별화를 유도한다.

셋째, 다양한 계층을 수용하는 주거복지적 주택수요 충족이다. 도심 내의 다양한 욕구를 충족하기 위해서 제한되고 획일적인 주거공간을 탈피하고 주거선택의 폭을 확대시켜야 한다. 다양한 계층이 어울릴 수 있는 커뮤니티공간을 조성하여 활력 있는 주거환경을 조성한다.

넷째, 친환경적 도심공간정비를 통한 도심주거의 유도이다. 도심공간은 복합적인 활동의 장으로서 순화된 주거환경으로는 불리한 요소들이 다양하게 작용하므로 도심의 흡인요소를 증대시킬 수 있는 방안이 필요하다.

다섯째, 공공부문의 기반시설 정비를 통한 재개발사업의 촉진이다. 도심지역 내 이미 수립되어 있는 도심 재개발 기본계획 등에 의한 도시개발사업의 선별적, 연차적 추진을 통해 주거기능을 확보 및 유지하여야 한다.

라. 물리적 환경의 정비

도심으로의 접근성을 개선하고, 체류하기에 쾌적한 환경을 조성함으로써 도심의 장소적 정체성을 확립하기 위해 노력이 필요하다.

첫째, 전통성과 현대성이 조화를 이루는 도시환경의 조성이다. 일반시민이 정기적, 비정기적으로 전통문화를 접할 수 있도록 전통문화가 현대적 공간에서 재현될 수 있도록 장소를 마련하고, 공공의 직접 지원방안을 마련해야 한다. 이는 현대문화의 부정적 요소를 정화하고 전통문화와 현대문화 간의 문화적 충돌에 따른 전통문화의 보존방안을 마련하여야 한다.

둘째, 도심으로의 접근성이 양호하지 않고 도심 내 체류하기에 불편한 사항이 많으므로 이에 대한 적극적인 개선이 필요하다. 자가용 차량보다는 대중교통에 의한 도심접근을 용이하게 하고, 도심 내 차량의 주차공간을 적정 수준으로 확보해야 한다. 도심 내 거주민에 의한 교통수요 유발을 완화할 수 있는 도심순환교통체계의 정비가 필요하다.

셋째, 테마가 있는 도시경관의 조성이다. 각 지구별로 도시기능에 부합되고 특색 있는 가로환경을 정비하여 도시경관을 개선한다. 거리별로 상업, 업무시설과 연계한 테마거리를 조성하여 새로운 도시 이미지를 창출하고 지역 활성화를 유도한다.

넷째, 편리한 보행환경의 조성이다. 도심공간 내에서는 방문객이 주로 도보를 통해 이동하므로 방문객의 보행편의성을 제고시키는 방안을 강구한다. 도심으로의 효과적인 접근과 이동을 위한 종합적인 교통체계와 보행공간을 마련하여 효율적으로 도심공간을 활용할 수 있도록 한다(광주광역시, 2003).

제2절 도심재생을 위한 추진체계 확립방안

도심지역의 재생 또는 활성화를 위하여 갖추어야 할 구체적인 추진체계 확립방안은 정책·제도적 측면, 금융·재정적 측면, 조직·체계정비 측면 등으로 구분하여 살펴보기로 한다.

1. 정책·제도적 지원

가. 도심활성화 종합계획의 수립

도심재생은 그 성격상 오랜 기간에 거쳐 이루어지며, 다양한 주체들이 협력하여 지속적으로 추진해야만 성공할 수 있는 과제이다. 이를 위해서는 도심공동화를 방지하고 도심을 활성화시키는 데 필요한 기본방향과 실천적 수단을 종합적으로 제시하는 목적을 가진 도심활성화계획을 수립하여 모든 관련 사업의 기본지침으로 활용할 필요가 있다.

〈그림 5-1〉 도심활성화 종합계획의 수립절차

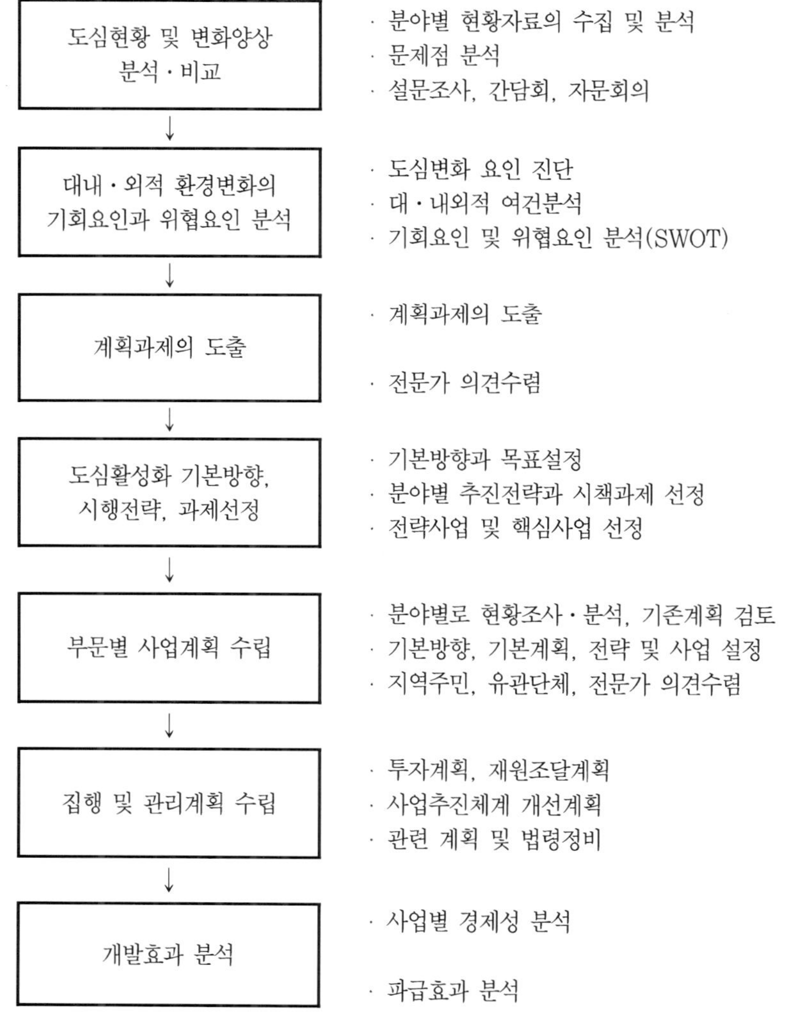

출처: 계기석・김형진. (2003). 「지방 대도시 도심의 기능활성화와 쾌적성 제고방안」. 118에서 재구성.

이러한 도심활성화 종합계획의 내용은 우선적으로 도심지 지정요건 및 구역 설정 기준을 정하고, 도심활성화 계획의 기본방향과 목표설정, 분야별 추진전략과 시책과제 설정, 대상사업 선정 및 개발방향 등 기본구상을 설정한다. 다음으로는 산업·경제의 진흥, 문화·관광의 촉진, 도심주거여건의 개선, 도심의 물리적 환경정비, 도심사회문제 개선 등 부문별 사업계획을 수립한다. 도심활성화 정책방향을 구현하고, 주요한 단위사업의 시행 및 관리계획, 합리적인 도심활성화 추진조직 체계, 소요재정규모 추정 및 조달방안 등을 포함한다.

즉, 도심활성화 종합계획은 재개발사업 등에 의한 물리적 환경개선뿐만 아니라 도심 산업·경제활동, 문화·관광활동, 도심사회문제 등을 포함하는 종합계획의 성격을 지닌다. 또한 중앙정부의 하향적인 계획이 아니고 해당 도시의 여건과 상황을 충분히 반영하여 작성·시행하는 장기계획이다.

나. 도심활성화 사업방식의 다양화

지금까지의 도심활성화 사업방식은 주로 도시재개발법(2002년 도시및주거환경정비법으로 대체) 등에 의하여 노후불량지구를 재개발, 재건축하는 방식으로 추진되어왔다. 이에 따라 도심지역의 물리적 여건은 어느 정도 개선되었으나, 그 효과는 공간적으로 도시재개발사업이 가능한 일부 대도시에 한정되었다(계기석·김형진, 2003: 124).

따라서 각 도시가 가지고 있는 다양성과 복잡성을 반영하는 다양한 사업화 방식이 필요하다. 도심재생 사업은 사업연쇄형(프로그램형), 거점정비형(프로젝트형), 지역운영형(매니지먼트형)으로 구분할 수 있다. 프로그램형은 주민들의 요구를 수렴하면서 도심의 전체 사업프로그램을 수립하고, 실행프로그램을 만들어 관련 사업을 유기적으로 연계시켜 나가는 방식으로서 일회성이 아니라 제1기의 사업을 복합적으로 해결하는 사업구조로 확립하고, 2·3기 사업으로 진전시키는 유형으로 사업시행의 결과에 대한 평가를 거쳐 당초 프로그램을 수정하는 과정이 반복된다. 프로젝트형은 사업의 복합적 도입에 의해, 거점적 기능정비사업을 성립시켜, 중심시가지 전체로 파급시키는 사업의 구축을 실시하는 유형이다. 매니지먼트형은 중심시가지 전체의 종합적 재생을 추진하는 도심관리조직을 구성하고, 이 조직을 중심으로 전체 사업을 유기적으로 운영·관리하는 방식이다. 이러한 사업방식을 상호 적절히 병행하여 실시함으로써 도심재생 사업의 효과를 극대화할 필요가 있다.

〈표 5-1〉 도심재생 사업추진 유형 및 성격

유 형	성 격	특 징
사업연쇄형 (프로그램형)	중심시가지의 전체 사업프로그램을 수립하고, 제1기의 사업을 복합적으로 해결하는 사업의 구조로 확립하고, 2·3기 사업으로 진전시키는 유형	· 독립적 개발회사 · 전문 행정기구
거점정비형 (프로젝트형)	사업의 복합적 도입에 의해, 거점적 기능 정비사업을 성립시켜, 중심시가지 전체로 파급시키는 매력적인 사업의 구축을 실시하는 유형	· 중심거점시설 정비/보조제도 · 연계 공공시설 정비사업
지역운영형 (매니지먼트형)	중심시가지 전체의 종합적 재생을 추진하는 조직을 설립해, 개별사업을 지원하면서 종합적인 사업전개를 시행하는 유형	· Town Management 조직 · 가로기능 연계 사업전개

자료: 地方自治硏究機構. (1998).「地方都市の中心市街地再生方策に關する調査硏究」.

다. 도심활성화를 지원하는 법률의 제정

광주시를 비롯한 지방 대도시는 1980년대 중반 이후 도시팽창에 따른 주거기능의 분산으로 도심지역의 상주인구 감소와 각종 도심기능의 쇠퇴 등 심각한 도심공동화 현상을 겪어오고 있다. 그러나 도심의 쇠퇴를 방지하고 기능을 활성화하기 위한 중앙정부의 지원근거와 지방자치단체 및 지역주민들의 활동을 유도하는 종합적인 법률은 없는 실정이다.

국토의계획및이용에관한법률, 도시및주거환경정비법, 중소기업의구조개선

과재래시장활성화를위한특별조치법, 주차장법 등 도심활성화와 관련되는 기존의 법률체계 속에서는 쇠퇴하는 지방 대도시의 도심공동화 문제를 종합적이며, 장기적인 관점에서 대처하기가 매우 어려운 실정이다.

따라서 쇠퇴하는 지방 대도시의 도심공동화를 방지하고, 도청 등 중요 행정기관의 이전에 따라 도심공동화가 예상되는 지역의 도심활성화를 도모하기 위하여 기존 개별 법률에 산재해 있는 도심활성화 관련 사업을 망라하고, 원활한 추진을 위해 "지방 대도시 도심활성화지원 특별법(가칭)"을 제정하여야 한다. 이러한 법률의 주요 내용으로는 ① 도심지 지정요건 및 구역설정의 기준, ② 도심활성화 기본계획의 수립절차·내용·작성지침에 관한 사항, ③ 물리적 환경정비 지원방안, ④ 경제 활성화(도심 신산업 육성 등) 지원방안, ⑤ 상업활성화 지원방안, ⑥ 도청 등 주요 행정기관의 이전도시 지원방안, ⑦ 도심활성화 사업을 위한 지방채에 대한 특례, ⑧ 도심활성화를 위한 시범도시제도 운영방안, ⑨ 도심관리조직의 구성 및 역할에 관한 사항과 관련 주체 간 파트너십의 형성, ⑩ 민간자본의 유치 및 활용 등을 포함한다(광주광역시, 2003).

2. 금융·재정의 확대

도심활성화 사업을 추진함에 있어 재원마련은 가장 어려우면서도 가장 필요한 부분이며, 사업의 성패 여부를 결정하는 중요한 요인으로 작용한다.

가. 공공재정의 확충

지방자치단체의 지역개발 관련 투자재원 조달구조가 일반회계, 특별회계,

기금을 통하여 이루어지는 것은 중앙정부와 마찬가지이다. 도시개발을 추진하고자 하는 지방자치단체가 부족한 투자재원을 조달하는 방법으로는 국고보조금, 지방양여금, 지방교부세 등 국고에 의존하는 방법과 국세 중 일부를 지방세로 이전, 지방세원의 발굴, 지방세 수입의 증대, 세외수입의 확충이라는 자체 재원조달 방법이 있다.

지방채는 지방자치단체가 도심활성화 사업의 투자재원 조달방안으로 강구할 수 있는 방안이다. 발행된 지방채는 궁극적으로 지방자치단체의 채무이므로 지방채의 발행 규모는 도심활성화 사업으로 인하여 추가적으로 예상되는 지방세 또는 예상되는 사업수익금의 범위 내에서 이루어져야 한다. 지방채 발행과 관련한 사항은 「지방자치법」 제115조(지방채무 및 채권관리), 「지방재정법」 제8조(지방채의 발행)에서 정하고 있으며, 발행대상에 대해서는 「지방재정법시행령」 제6조의2(지방채의 발행대상 등)에서 규정하고 있다.

건전재정사상을 근간으로 비모채주의(非募債主義) 원칙을 채택하고 있는 우리나라의 지방채 발행기준은 ① 지방채 원리금 상환연체가 없는 단체, ② 채무상환비율이 20% 이하인 단체, ③ 기준 전년도의 실질수지비율이 －10% 이상인 단체, ④ 지방세 징수 전망이 전년 혹은 전전년 대비 90% 이상인 단체이다. 위의 기준을 따를 때 지방자치단체가 발행 가능한 지방채 연간규모는 전년도 세출의 20%의 차액분 내에서 발행이 가능하다.

나. 특정사업금융(PF)의 활용

지방재정이 열악한 지방자치단체의 경우 개발사업을 추진하는 데 필요한 자체 예산을 확보하기가 어려우므로 도심활성화 사업을 추진하는 데 필요한 자금을 특정사업금융을 통하여 조달할 수 있다. 특정사업금융(PF: project financing)이란 특정한 프로젝트의 사업성을 담보로 하여 당해 프로젝트를 수행하는 데 필요한 자금을 조달하는 금융기법이다. 즉, 당해 모 기업의 담보나 신용에 근거하여 대출하는 기존의 기업금융 방식과는 달리, 사업주와 법적으로 독립된 프로젝트로부터 발생하는 미래 현금 흐름을 상환재원으로 삼고, 프로젝트의 자산과 이해당사자와의 장기계약 등을 담보로 하여, 사업주는 제한된 상환책임만 부담하면서 프로젝트에 소요되는 대규모 자금을 장기적으로 조달하는 방식이다.

도심활성화 사업에 있어 일부 사업을 프로젝트 파이낸싱을 통하여 수행하는 경우 다음과 같은 이점을 기대할 수 있다. 첫째, 해당 도심활성화 사업이 충분한 현금흐름을 창출하지 못하는 경우에도 위험의 전부 또는 일부를 대주(syndication)가 부담한다. 둘째, 프로젝트 파이낸싱은 비소구(non-recourse)가 원칙이므로 당해 도심활성화 사업과 지방재정을 분리하여 운영이 가능하다. 셋째, 정부의 규제나 법령에 의하여 지방채 발행이 어려운 경우 독립된 도심활성화 사업을 담보로 자금을 조달함으로써 지방채 발행의 한계를 극복할 수 있다. 넷째, 일부 도심활성화 사업을 신탁회사에 신탁하거나 별도의 법인을 설립하여 수행하는 것이 가능하여 민간의 창의성과 효율성을 적극적으로 활용할 수 있다.

다. 조세증가기반금융(TIF)의 활용

조세증가기반금융(TIF: tax increment financing) 프로그램은 지방자치단체가 낙후된 지역을 재개발하기 위한 자금조달 수단이며, 지방자치단체가 민간개발과 신규사업을 유치하는 데 유효한 수단 중에 하나이다. 즉, 중점적으로 재개발을 실시하는 지구를 지정해 그곳에서는 세금(주로 재산세)의 증수분을 기반정비의 재원으로서 환원한다. 이는 재개발을 진행시키기 위해서 TIF로 지정된 지구에 대해서는 과세기관의 세액을 고정해, 이후의 세수입의 증가는 모두 TIF 지구 재개발의 재원으로서 사용된다. 예를 들면, 쇠퇴한 지역의 재개발에 관심을 가지는 민간사업자가 있는지를 조사하여 계획이 수립되면 TIF 지구로 지정한다. 그러면 그 시점의 자산평가액이 산출되어 거기에 각 과세기관의 세율을 걸친 세액은 종래대로 각각의 기관에 배분계속 된다.

그러나 재개발의 진전으로 자산가치가 높아진 만큼에 대한 세수입은 그 지구에 설립된 TIF 조직의 수입이 되어, 지구의 인프라 정비나 민간사업자에 대한 보조금으로서 사용된다. 지구 내에서 세수입을 투자에 따라 한층 더 발전을 도모하고자 하는 파급효과를 일으키고자 하는 것이다. TIF의 특징은 조세를 지불하는 측의 부담은 변함이 없어서 제도의 도입이 용이하다. 한편, 조세를 징수하는 측은 변화한다. TIF 지구로부터의 세수입은 TIF 지정 시에 고정되어 버리기 때문에, 과세기관에 있어서는 TIF 지구로부터의 세수입은 증가하고 있는데, TIF가 존속하는 기간 중에는 실제로 징수할 수 있는 세액은 증가하지 않게 된다. 이것은 TIF를 설치한 지방자치단체 재정에도 들어맞아 TIF로부터의 세수입 증가분은 지방자치단체의 일반 재원에는 돌리지 않는다. 이와 같이, TIF는 말하자면 과세 기관에 당분간 세수입을 늘리는 것을 유예하여, 그 지구의 재개발을 진행시키는 제도이다.

그러나, 그것은 과세기관에 있어서 손실만을 의미하는 것은 아니다. 원래 TIF로 지정되는 것은 쇠퇴해진 자산평가액의 낮은 지구인 것이 조건이 되어 있기 때문에 거기로부터의 세수입은 낮은 수준이다. 방치하면 그대로의 세수입밖에 전망할 수 없는 것이 TIF에 의해 민간기업을 참여시켜 재개발이 진행되어 자산가치가 오르는 것이다. 그리고 TIF의 기한이 되면 재산세의 전액이 원래의 과세자에 의해 배분되기 때문에 이후는 TIF에 의한 개발 없이는 실현될 수 없었다.

3. 조직 · 관리체계의 구축

가. 추진 주체의 육성

도심활성화 사업에 관련되는 주체는 중앙정부, 지방자치단체, 지역주민 등 다양하고, 그들 간의 이해관계가 복잡하게 얽혀 있다. 그러므로 중앙정부나 지방자치단체가 도심활성화에 대한 정책적인 의지를 가지고 선도할 수 있는 시행주체를 정립하도록 하는 것이 우선적으로 필요하고, 다양한 관련 주체들 간의 적절한 역할분담이 필요하다.

먼저, 중앙정부는 도심활성화의 적극적인 협력자로서의 역할을 수행해야 한다. 지방 대도시 도심이 가지고 있는 문제 양상을 인식하고, 정부차원의 도심활성화 의지 표명과 도심기반시설에 대한 재정적인 지원수단을 강구해야 한다.

둘째, 도시개발부문은 지방자치단체의 핵심적인 자치업무 중 하나이다. 따라서 지방자치단체는 도심활성화 종합계획의 수립과 정책의 지속적 추진, 그리고 사업성과의 평가와 수혜의 주체로서 도심활성화 사업의 모든 과정을 실질적으로 주도해야 한다. 이를 위해서는 도심활성화 사업을 추진함에 있어 부서 간의 의견을 조정하고 구체적인 사업을 추진할 수 있는 전담조직을 구성해야 하며, 이 전담조직을 통해 도심활성화계획을 실질적으로 계획·입안하고 집행 과정을 실무적으로 추진해야 한다(계기석·김형진, 2003: 120~121).

셋째, 침체된 도심의 상권을 활성화시키고, 주거환경을 개선하기 위해서는 중앙정부, 지방자치단체의 적극적인 지원도 중요하지만 지역주민의 적극적 참여와 협력에 달려 있다. 따라서 다양한 도심활성화 사업의 내실 있는 추진을 위해서는 지역주민들이 강한 주인의식을 가지고 적극적으로 참여할 수 있는 여건과 활동의 장을 마련하는 것이 중요하다.

나. 사업추진기구의 육성

외국 도시에서는 공공과 민간(건물 소유주, 자영업자, 개발업자 등)이 참여하는 민간협력형(public-private partnership)의 도심관리조직(TMO)을 설치하여, 이 기구를 통해 행정, 자영업자를 시작으로 한 민간사업자, 지역주민 등의 상호 의사소통을 원활하게 하고, 도심재생이라고 하는 공통의 목표를 향해 제휴하여 여러 가지의 역할을 수행하고 있다.

이러한 도심관리조직은 도심활성화 사업을 전체적으로 종합·관리하고, 지방자치단체와 시민·사업자 등과의 종합조정, 지방자치단체의 포괄적 활동의 보완, 시민과 사업자가 시행하는 지역정비에의 적극적 참여, 각종 공공기관 간의 연대에 의해 도심환경의 적정한 관리운영 등의 역할을 수행한다.

즉, 도심활성화는 지방자치단체만의 과제가 아니라 지방자치단체, 지역주민, 사업자 등의 여러 주체가 책임을 갖고 각각의 역할을 수행하는 것이 중요하다. 이것이 파트너십의 형성이며, 그 중심을 이루는 것이 도심관리조직이다.

제6장 결 론

한국의 대도시는 급속한 도시화의 진전으로 세계에서 그 유래를 찾아보기 힘들 정도로 급속히 성장하였다. 그러나 대도시 내부는 도심만이 가지고 있는 특성의 소멸, 지역의 물리적 쇠퇴 지속, 생활환경 악화에 따른 지지인구 기반의 감소, 경쟁력의 약화에 따른 경제중심지로서의 위상 약화 등 많은 문제를 안고 있다. 그러면 도심지역에서의 이와 같은 변화의 양상과 문제의 발생을 어떻게 인식하여야 할 것인가?

대도시 도심지역은 상업, 업무 등 다양한 기능이 집적해 있고, 사람들의 생활, 오락, 교류의 장으로써 오랜 역사 속에서 독자적인 문화와 전통을 보호·육성하는 등 그 도시의 활력과 개성을 대표하는 도시의 얼굴이라고도 할 수 있는 장소이다. 그러나 최근 자동차사회의 진전에 대한 대응 지연, 상업을 둘러싼 환경의 변화, 중심부의 인구감소와 고령화 등을 배경으로 도심의 쇠퇴 또는 공동화라고 하는 문제가 심각해지고 있다. 이대로라면 머지않아 많은 대도시에서 그 도시의 얼굴이라고 부를 수 있는 장소가 사라져 버릴지도 모른다.

위와 같은 문제인식하에서 본 연구는 우리나라 지방 대도시에서 진행되고 있는 도심지역의 부정적인 변화, 예컨대 도심의 쇠퇴 또는 공동화에 대한 대응방안을 모색해 보았다. 구체적으로는 과연 우리나라 대도시 도심지역에서 도심쇠퇴의 양상은 어떻게 나타나고 있으며, 이에 따라 발생하는 문제는 무엇인가? 도심재생을 위한 실천적인 방안(정책, 시책, 사업 등)은 어떻게 모색되고 있는가? 도심재생을 뒷받침하기 위해서는 어떠한 정책·제도적인 방안이 필요한가? 라는 질문에 대한 답을 찾는 것을 그 목적으로 하였다.

먼저 도심쇠퇴에 관한 다양한 이론을 검토한 결과, 일반적으로 도심쇠퇴 문제의 양상은 상주인구의 감소, 경제적 쇠퇴, 물리적 노후화, 사회적 빈곤의 집중현상 등으로 요약된다. 그리고 그 양상은 나라나 도시에 따라 다르게 나타난다.

지방 대도시의 도심이 쇠퇴하는 원인을 광주광역시를 중심으로 도심지역에 대한 현황분석 및 관련 당사자의 의식조사를 통해 살펴본 결과는 다음과 같다. 첫째, 도시의 성장과 확산에 따른 도시 공간구조의 다핵화는 도심지역의 중추관리 기능을 도심 외곽으로 분산시켰다. 도심지역에 비해 상대적으로 우수한 기반시설과 쾌적한 생활여건을 갖춘 신규 주택단지로 인구와 중추관리 기능이 이전함으로써 도심 공동화는 가속화되었다. 둘째, 1990년대 이후 도시 외곽의 대규모 택지개발로 도심지역의 상주인구가 감소하게 되었으며, 대규모 아파트 단지의 주상복합기능 강화와 대형유통업체 등장으로 재래시장을 비롯한 도심의 도·소매업이 크게 위축되었다. 셋째, 도심지역의 도시기반시설과 주거공간을 비롯한 건축물의 노후화로 외부로부터의 접근성이 떨어지고 생활환경이 크게 악화되어 인구와 사무실의 도심 이탈이 가속화되었다. 넷째, 도시개발 과정에서 많은 역사·문화적 공간이 무분별하게 훼손됨으로써 고유한 정체성이 상실되고 도심으로서의 매력을 상실하게 되어 흡인력을 갖지 못하고 있다. 다섯째, 신시가지인 상무지구를 중추관리 및 업무지구로 개발함에 따라 기존 도심의 기능이 상당 부분 약화되었다.

이러한 결과를 반영하여 본 연구에서는 지방 대도시 도심재생을 위한 정책방안에 있어서 크게 도심재생의 방향과 전략 측면, 도심재생을 위한 추진체계 확립방안이라는 두 가지 차원에서 정책방안을 제시하였다.

먼저, 도심재생의 방향과 전략에 있어서 도심재생을 위한 기본 방향으로서 도심의 흡인력 제고와 쾌적한 도심환경의 정비, 도심으로의 접근성 향상과 도심주거환경의 개선방안을 구체적으로 제시하였다. 다음으로 도심재생을 위한 전략으로는 도심기능의 강화와 도심산업의 육성 그리고 정주환경의 개선 및 물리적 환경의 정비방안을 구체적으로 제시하였다.

도심지역의 재생 또는 활성화를 위하여 갖추어야 할 구체적인 추진체계 확립방안은 정책·제도적 측면, 금융·재정적 측면, 조직·체계정비 측면 등으로 구분하여 살펴보았다.

첫째, 정책·제도적 지원이다. 이를 위해서는 ① 도심활성화 종합계획의 수립을 통하여 도심활성화 관련 사업의 기본지침으로 활용할 수 있도록 하는 것이 중요하다. ② 도심활성화 사업방식의 다양화를 시도하여 지역의 특수성과 개성을 반영한 프로그램이 운영될 수 있도록 해야 한다. ③ 도심활성화를 지원하는 법률의 제정을 통하여 제도적이며, 공식적인 도심활성화에 대한 보장과 추진이 담보되어야 한다.

둘째, 금융·재정지원의 확대이다. 도심활성화 사업을 추진함에 있어 재원마련은 가장 어려우면서도 가장 필요한 부분이며, 사업의 성패 여부를 결정하는 중요한 요인으로 작용한다. 이를 위해서는 ① 우선적으로 공공재정의 확충이 전제되어야 한다. ② 특정사업금융(PF)의 활용을 통하여 자체 예산을 확보하기가 어려운 지방재정의 현실을 감안한 재정확보 대책이 마련되어야 한다. ③ 조세증가기반금융(TIF) 등을 활용하여 자치단체가 낙후된 지역을 재개발하기 위한 자금조달 수단을 강구하여야 한다.

셋째, 조직·체계의 정비이다. 이를 위해서는 ① 도심활성화 사업에 관련된 주체들 간의 복잡한 이해관계를 조정하고, 합의할 추진 주체를 육성해야 한다. ② 시민합의기반 조성과 참여주체의 자구노력 유도 및 참여의식을 제고할 도심활성화 추진기구의 정비가 이루어져야 한다.

본 연구를 수행하면서 지방자치단체에 있어서 도심의 균형 있는 발전과 지속적인 성장과 관리정책이 무엇보다 중요한 과제로 대두되고 있음을 알 수 있었다. 또한 이러한 비중 있는 과제에 대한 대처가 현실적으로 매우 부족하고, 체계화되지 못하고 있음이 아쉬움으로 남는다.

도심재생을 위한 정책방안에 있어서도 무엇보다 중요한 것은 획일적이고 중앙정부에 의존적인 정책 제시보다는 지역사회 주체들과 지방자치단체가 지역의 특성과 역사와 가치를 중심으로 진지하게 검토한 정책들을 상호 파트너십을 통해 추진해 나가려는 노력들이 필요하다.

〈참고문헌〉

Ⅰ. 단행본

경실련 도시개혁센터. (2001).「도시계획의 새로운 패러다임」. 서울: 보성각.

계기석 · 김형진. (2003).「지방 대도시 도심의 기능 활성화와 쾌적성 제고방안」. 경기: 국토연구원.

국회사무처 입법조사국. (1987)「OECD 제국의 도시재생 정책」. 서울: 국회사무처.

권대환. (2003).「지방도시의 중심시가지 활성화 방안에 관한 연구: 전주시를 중심으로」. 석사학위논문, 전북대학교 대학원.

권용우(역). (1997).「변화하는 대도시」. 서울: 한울.

김광우(역). (2002).「중심시가지 활성화: 미 · 영 · 독의 18개 도시 사례연구」. 광주: 전남대학교 출판부; 日本政策投資銀行 編著. (2000).「海外の中心市街地活性化」. 東京: ジェトロ.

김선범. (1997).「도시공간론」. 울산: 울산대학교 출판부.

김선웅. (1998).「서울시 중심지체계 변화분석과 정책과제」, 시정연; 98(3). 서울: 서울시정개발연구원.

김재익 · 하성규. (2000).「도시관리론」. 서울: 형설출판사.

김찬호. (1997).「후기 산업 사회의 도시 재생과 주민 참여에 관한 연구: 일본 토요나카시(豊中市)의 '마을 만들기(まちづくり)' 사례를 중심으로」. 박사학위논문, 연세대학교 대학원.

김창석 · 김선범 · 이상대 · 황희연 · 김익기. (2000).「도시중심부연구」. 서

울: 보성각.
김창현 · 박양호 · 박인권. (2003). 「정주공간의 구조적 변화와 대응방향」, 국토연; 03(1). 경기: 국토연구원.
김현식 · 민범식 · 유재윤 · 계기석 · 조판기. (1998). 「도시정책의 전개와 과제」. 경기: 국토개발연구원.
김형국. (1997). 「한국공간구조론」. 서울: 서울대학교 출판부.
대한국토 · 도시계획학회(편). (1998). 「도시계획론」. 서울: 보성각.
대한국토 · 도시계획학회(편). (2002). 「도시개발론」. 서울: 보성각.
도시정책과학연구회(역). (1989). 「도시경영학」. 서울: 대명출판사.
도시정책과학연구회(역). (1989). 「도시경제학」. 서울: 대명출판사.
문경원. (1994). 「한국 도시개발에 있어서 관민파트너십의 활성화방안에 관한 연구」. 박사학위논문, 중앙대학교 대학원.
박원석 · 최진우. (1997). 「지역개발사업에서 프로젝트 파이낸싱 활용방안」. 서울: 삼성경제연구소.
박용남. (2000). 「꿈의 도시 꾸리즈바」. 서울: 이후.
박수영. (1992). 「서구도시개발론」. 서울: 법문사.
박정관. (2002). 「부산시 도심 재개발의 활성화 방안에 관한 연구: 연계프로그램 적용을 중심으로」. 박사학위논문, 경성대학교 대학원.
박홍식. (2001). 「대도시 내부시가지의 변천과 전략계획적 도시재정비 방향에 관한 연구: 대전시 사례를 중심으로」. 박사학위논문, 대구대학교 대학원.
백준호. (1996). 「유럽의 도시 활성화 기법과 실제」. 한국지방행정연구원.
이희정 · 이현정 · 박내선 · 손은경 · 황규복 · 김태영. (2002). 「21세기 세계대도시 도시관리방향」. 서울: 서울시정개발연구원.
서충원. (1998). 「서울시 도심 재개발수법으로서의 공공주도 파트너십에 관한 연구」. 박사학위논문, 서울시립대학교 대학원.
양명호. (2002). 「대전광역시 동구 활성화 방안에 관한 실증적 연구: 주민욕구를 중심으로」. 석사학위논문, 대전대학교 대학원.

양재섭 · 김광중. (2000). 「서울 도심부 노후시가지 수복형 정비수법 연구」, 시정연; 2000(2). 서울: 서울시정개발연구원.

원제무 · 이재길 · 최막중. (2000). 「서울시 도시 공간구조 변천 과정: 통행실태자료를 중심으로」. 서울: 백산서당.

우수명. 「마우스로 잡는 SPSS 10.0」. 서울: 인간과 복지.

유 리. (1994). 「서울시 도심 주거기능 쇠퇴에 관한 연구」. 석사학위논문, 서울대학교 환경대학원.

이상대. (1996). 「서울시 내부시가지 쇠퇴현상의 진단에 관한 연구」. 박사학위논문, 서울대학교 환경대학원.

이상대.. (1999). 대도시 내부시가지의 쇠퇴와 대응. 「도시 · 지역과 산업」. 서울: 서울대학교 출판부.

이시용. (1992). 「대구 도심기능의 변화 과정에 관한 연구」. 박사학위논문, 대구대학교 대학원.

이양재 · 조상운 · 맹다미. (1996). 「서울시 성장관리 기법의 도입에 관한 연구: 토지이용규제제도를 중심으로」, 시정연; 96(7). 서울: 서울시정개발연구원.

이왕기 · 김원태 · 이은진. (2003). 「인천 구도심 노후건축물 리모델링에 관한 연구」, 인천: 인천발전연구원.

이용식. (2003). 「도시재생 사례와 리더십 확보」, 인천: 인천발전연구원.

이인재. (2003). 「구도심 주거지역 기반시설 확충방안」. 인천: 인천발전연구원.

이종현. (2003). 「인천광역시 도시기능강화를 위한 도심 재개발 활성화방안 연구」. 인천: 인천발전연구원.

이종현 · 최정환. (2003). 「인천 구도심지역의 재생방안에 관한 연구」, 인천: 인천발전연구원.

임계호(역). (1997). 「현대도시의 구조조정」. 서울: 태림문화사; 植田政孝(編). 「現代都市の構造調整」. 大阪市立大學經濟研究所.

정대연. (1997). 「사회과학방법론사전」. 서울: 백의출판사.

정환용. (2003). 「도시계획학원론」. 서울: 박영사.

조정제. (1990). 「도시경영」. 서울: 법문사.

최막중. (2000). 「도시정책론」. 서울: 박영사.

최학준. (1994). 「거대도시 재생의 조건」. 서울: 하늘출판사.

하성규 · 김재익. (2000). 「도시관리론」. 서울: 형설출판사.

한국공간환경학회. (1995). 「새로운 공간환경론의 모색」. 서울: 한울아카데미.

한국도시지리학회(편). (1999). 「한국의 도시」. 서울: 법문사.

Ⅱ. 논문

강대욱 · 손태민. (1988). 부산시 도심부의 범위설정과 공간구조에 관한 연구. 「도시연구보」, 2: 65~77.

강병주 · 이건호 · 오덕성 · 김혜천. (2000). 도심공동화의 원인과 활성화 대책. 대한국토 · 도시계획학회 「도시정보」, 215: 1~15.

강홍빈. (1999a). 서울 도심공간의 변화와 정책의 역사 Ⅰ: 관리주의적 접근. 서울시정개발연구원 「서울시정연구」, 7(1): 3~22.

강홍빈. (1999b). 서울 도심공간의 변화와 정책의 역사 Ⅱ: 계획적 패러다임의 모색. 서울시정개발연구원 「서울시정연구」, 7(1): 23~33.

계기석. (2002a). 미국과 영국의 도심 쇠퇴와 활성화 노력. 대한지방행정공제회 「도시문제」, 37(9): 71~83.

계기석. (2002b). 광주 도심의 쇠퇴와 활성화. 「도심활성화 시민토론회」, 1~12.

계기석. (2003). 기성시가지 중심상업 · 업무지역의 활성화. 대한국토 · 도시계획학회 「국토」, 257: 50~59.

김 걸 · 남영우. (1998). 젠트리피케이션의 쟁점과 연구동향. 대한국토 · 도시계획학회 「국토계획」, 33(5): 83~97.

김광중 · 양재섭. (2001). 서울시민의 도심부 이용에 관한 설문조사 결과의 해석. 서울시정개발연구원 「서울시정연구」, 2(1): 125~139.

김도년 · 봉인식. (2001). 아파트 단지의 재생과 리모델링 정책을 중심으로 본 프랑스의 도시재생에 관한 연구. 대한국토 · 도시계획학회 「국토계획」, 36(2): 19~31.

김영환. (2000). 영국의 지속 가능한 도시재생 정책 및 개발사례. 충북개발연구원 「충북리포트」, 7(2): 60~65.

김영환. (2001). 영국의 지속 가능한 주거지 재생계획의 특성. 대한국토 · 도시계획학회 「국토계획」, 36(1): 151~167.

김영환 · 백기영 · 오덕성. (2003). 영국 도심부 재생계획의 특징: 쉐필드(Sheffield) 시를 중심으로. 한국도시설계학회 「2003 춘계학술대회」, 171~191.

김영환 · 최정우 · 오덕성. (2002). 성장관리형 도심재생의 개념 및 계획요소 설정에 관한 연구. 대한국토 · 도시계획학회 「2002년 추계학술대회」, 399~412.

김영환 · 최정우 · 오덕성. (2003). 성장관리형 도심재생의 기본전략 및 계획요소. 대한국토 · 도시계획학회 「국토계획」, 38(3): 85~97.

김일규. (2000). 근대화 이후 대전 도심의 공동화현상에 관한 연구: 대전시 중구 일대를 중심으로. 우송대학교 「논문집」, 5: 229~242.

김창석 · 우명제. (2000). 서울시 중심지 설정과 중심지 특성에 관한 연구. 대한국토 · 도시계획학회 「국토계획」, 35(1): 17~29.

김형진. (2003). Leo van den Berg의 도시발전단계론. 대한국토 · 도시계획학회 「국토」, 257: 60.

김혜천. (2003). 도심공동화 문제의 이해와 도심재생의 접근방법. 한국도시행정학회 「도시행정학보」, 16(2): 79~99.

김호철. (1998). 한국의 대도시 쇠퇴문제에 관한 연구: 서울을 중심으로. 「지역사회개발연구」, 23(1): 301~316.

남 진. (2002). 일본 대도시 도심부에서의 지역관리수법과 운영실태에 관한 연구. 대한국토·도시계획학회 「국토계획」, 37(5): 49~64.

남영우. (1999). 영국도시거점사업연구회: イギリスの都市再生戰略. 「한국도시지리학회지」, 2(1): 105~106.

노경수. (2002). 도심의 물리적 환경 개선방안. 「도심활성화 시민토론회」, 53~73.

박세훈. (2002). 일본의 도시재성정책과 도시계획적 의의. 대한국토·도시계획학회 「도시정보」, 248: 15~17.

박양호. (2002). 도심지 활성화를 위한 선도적 노력. 대한지방행정공제회 「도시문제」, 37(9): 8~9.

박종철. (1999). 일본 도서지역 중심도시인 福江市 '도심부 활성화' 과정: 도심공동화 대응책으로 추진한 아케이드설치를 중심으로. 「한국도서연구」, 10: 361~387.

박종철. (2000). 도심공동화 현상에 대한 대처방안: 광주광역시 동구를 중심으로. 「지역발전연구」, 5: 95~117.

박종철. (2001a). 목포 구도심활성화 및 역세권개발 방안: 도시계획과 경제 활성화의 연계를 중심으로. 목포대학교.

박종철. (2001b). 일본의 중심시가지 활성화 패턴에 관한 연구: 355개 市町村의 중심시가지 활성화 기본계획을 중심으로. 한국지역개발학회 「2001년 춘계학술대회」, 182~198.

박종철·이혁주·김항집. (2001). 일본의 중심시가지 활성화 유형에 관한 연구: 355개 市町村의 중심시가지 활성화 기본계획을 중심으로. 한국지역개발학회 「한국지역개발학회지」, 13(2): 141~160.

박천보. (2002). 도시재개발 측면의 도심공동화 대처방안. 한밭대학교 「논문집」, 19: 223~235.

박천보·오덕성. (2002). 도심활성화를 위한 전략과 방안에 관한 연구: 천안시를 중심으로. 충남대학교 「지역개발논총」, 14: 53~76.

백기영·임양빈·오덕성. (2002). 국내 도심공동화 현황 및 도심재생 실태분석. 대한국토·도시계획학회 「2002년 추계학술대회」, 385~398.

Seo, Joon-Kyo. (2002). Problems of Urban Decline and Urban Cultural Policy: The Relationship Between Urban Regeneration and Urban Cultural Policy. 「지역연구」, 18(3): 91~110.

서충원. (1999). 도시개발주체로서의 관민파트너십. 국토연구원 「국토」, 15~22.

서충원. (2002a). 일본의 도시재생에 대해서. 대한국토·도시계획학회 「도시정보」, 240: 15~17.

서충원. (2002b). 일본의 도시재생에 대해서(Ⅱ). 대한국토·도시계획학회 「도시정보」, 241: 15~17.

심상욱. (2001). 일본에 있어서 기성시가지갱신을 위한 「마찌즈꾸리계획」에 관한 연구. 「한국지역개발학회지」, 13(2): 125~140.

염인섭·오덕성. (2003). 기존 도심활성화 사업에 평가와 개선방안에 관한 연구: 대전광역시 기존 도심활성화 사업을 중심으로. 한국도시설계학회 「2003 춘계학술대회」, 192~204.

양우현. (2000). 도시 활성화 재개발의 전략과 방향: 일본 사례의 특성과 성공 요인. 중앙대학교 「환경과학연구」, 11(2): 205~223.

양재섭. (2002). 서울의 도심부 관리와 활성화를 위한 과제. 대한지방행정공제회 「도시문제」, 37(9): 59~70.

오덕성. (1998). 대전시 구도심 기능강화와 복합화의 도입. 충남대학교 「지역개발논총」, 10: 7~29.

오덕성. (2000). 구도심공동화의 활성화 대책. 대한국토·도시계획학회 「도시정보」, 215(2): 2.

오덕성. (2002). 대전의 기존 도심활성화 방안. 대한지방행정공제회 「도시문제」, 37(9): 39~58.

오재일. (2003). 지방분권화: 지방분권 추진체계의 정비. 「지방행정」, 52(593): 30~37.

오재일. (2004). 지방분권과 로컬가버넌스. 「지방행정연구」, 18(1): 3~19.

오창수 · 김현곤 · 최순범 · 최주남 · 한현택 · 박금성. (2000). 도시 공간구조변화의 효율적인 방안: 광주광역시를 중심으로. 대한토목학회 「학술발표회 논문집」, (4): 387~390.

온영태. (2002). 도심지 활성화를 위한 정책방안. 대한지방행정공제회 「도시문제」, 37(9): 25~38.

유상혁. (2002). 대전시 원도심활성화 방안. 「대전발전포럼」, 5: 58~76.

육창수 · 백채하. (1999). 도심공동화에 대한 실증적 연구: 대전광역시 중구를 중심으로. 대전대학교 행정학과. www.dopa.org/didimdol/dosim.htm

윤상복. (2001). 일본의 중심시가지 활성화전략. 대한국토 · 도시계획학회 「2001년 추계학술대회」, 623~628.

윤상복. (2002). 일본의 중심시가지 재생 전략. 대한국토 · 도시계획학회 「국토계획」, 37(4): 273~284.

윤상복 · 윤시운 · 오석기 · 이종식(1999). 일본의 중심시가지 활성화에 관한 동향. 동아대학교 「건설기술연구소 연구논문집」, 23(2): 93~101.

윤상복 · 채성주 · 윤시운 · 오석기. (1999). 부산시 중심시가지 활성화 방안에 관한 연구. 동아대학교 「건설기술연구소 연구논문집」, 24(1): 113~124.

윤혜정. (2002). 미국의 스마트성장과 도시개발 정책의 시사점. 대한국토 · 도시계획학회 「국토계획」, 37(7): 7~16.

이명훈 · 전병혜. (2002). 서울 도심부 공간특성에 관한 연구: 도심부 쇠퇴를 중심으로 하여. 대한국토 · 도시계획학회 「국토계획」, 37(2): 289~298.

이상대. (2002). 우리나라 도심지 공동화 원인과 극복과제. 대한지방행정공제회 「도시문제」, 37(9): 11~24.

이양재. (2000). 도시성장관리: 도시성장관리의 의의와 발전 과정. 대한지방행정공제회 「도시문제」, 35(378): 9~21.

이영성. (2002). 도시성장관리 및 도심활성화를 위한 재정수단 연구. 대한국토·도시계획학회 「국토연구」, 34: 171~183.

이왕건. (2003). 도시성장관리의 새로운 패러다임: 스마트 성장(Smart Growth). 국토연구원 「국토」, 256: 81~89.

이용연. (2002). 도심활성화의 접근 시각과 방향. 「도심활성화 시민토론회」, 13~40.

이창수·서충원·김현수·김찬호·김갑성·최정우. (2003). 도시재생을 위한 노후불량주거 정비와 도심회귀. 대한국토·도시계획학회 「도시재생의 계획수단과 평가 워크샵」, 23~43.

임양빈. (2003). 성장관리형 도심재생의 계획요소에 관한 연구. 「신행정수도 건설과 주택시장에 관한 국제 심포지움」, 125~142.

임창호. (1996). 서울시 도심 및 부도심의 성장과 쇠퇴: 1981-1991년간의 변화를 중심으로. 대한국토·도시계획학회 「국토계획」, 31(2): 33~45.

임양빈·최정우·오덕성. (2003). 미국의 도시개발 및 도심재생 정책에 관한 연구. 한국도시설계학회 「2003 춘계학술대회」, 96~106.

전명진·박성희. (1997). 도시성장관리 정책의 갈등 구조 및 조정: 미국 도시성장관리 정책의 교훈. 중앙대학교 「지역연구」, 13(2): 143~155.

정철모·고선하. (2002). 지방도시의 구도심활성화정책 개선방안에 관한 연구. 전주대학교 「지역사회개발연구」, 27(2): 23~36.

정형식. (2002). 도심산업 활성화 방안. 「도심활성화 시민토론회」, 75~102.

조정재·김영균. (1989). 우리나라 도시발전단계와 산업기여분석. 국토개발연구원 「국토연구」, 6: 1~13.

조철주·정창무. (1998). 성장관리의 주요 이슈와 정책수단. 대한국토·도시계획학회 「도시정보」, 193: 3~12.

홍현옥. (2002). 노후아파트재건축을 중심으로 한 도시재생에 관한 연구. 전주대학교 「지역사회개발연구」, 27(1): 247~268.

하성규・신중진・장세훈・홍인옥・서종균. (1999). 커뮤니티 중심의 도시 정비 활성화 방안. 한국도시연구소 「도시연구」, 5: 198~219.

한필원. (1998). 대전 구도심 거주문제의 현황과 과제. 충남대학교 「지역개발논총」, 10: 67~90.

황재훈・박천보・오덕성. (2002). 국내 도심재생의 미시적 현상해석(실태분석). 대한국토・도시계획학회 「2002년 추계학술대회」, 597~608.

Ⅲ. 국외문헌

American Planning Association. (2002). *American Planning Association Policy Guide on Smart Growth*. Washington DC: APA Publication.

Balsas, C. J. (2000). "City Center Revitalization in Portugal: Lessons from Two Medium Size Cities". *Cities*, 17(1): 19~31.

Barnekov, Tornothy, Boyle, Robin, and Daniel Rich. (1989). *Privatism and Urban Policy in Britain and the United States*. Oxford University Press: Oxford, England.

Batten, D. F. (1995). "Network Cities: Creative Urban Agglomerations for the 21st Century". *Urban studies*, 32: 313~327.

Berg, L. V. D., Drewett, R. D., Klassen. L. H., Rossi. A. & Vijverberg, C. H. T. (1982). *Urban Europe: A study of Growth and Decline*. Oxford: Pergamon Press.

Berry, Jim, McGreal, Stanley, and Bill Deddis. (1993). *Urban Regeneration: Property Investment and Development*. London: E & FN SPON.

Beswick, C. A. (2001). *Public-Private Partnerships in Urban Regeneration: The Case of London Docklands, Canada*. Calgary, Alberta.

Blake, P. (1977). *Form Follows Fiasco: Why Modern Architecture Hasn't Worked*. Boston: Little Brown and Company.

Bradford, M. G. and Kent, W. A. (1997). *Human Geography: Theories and Their Applications*. Oxford: Oxford University Press.

Byrum, Oliver E. (1986). "Components of a City and Metropolitan Inner City Strategy". *Old Problems in New Times*. APA. 37~52.

Carlos J Lopes Balsas. (2000). "City center revitalization in Portugal". *Cities*. 17(1): 19~31.

Chris, C. (1990). *Urban Renewal: Theory and Practice*. Macmillan.

Chris, C. and Dennemann, A. (2000). Urban Regeneration and Sustainable development in Britain: The Example of the Liverpool Ropewalks Partnership. *Cities*. 17(2): 137~147.

Colquhoun, I. (1995). *Urban Regeneration: An International Perspective*. Lonon: B. T. Batsford Ltd.

Davies, H. W. E. (1981). The Inner City in Britain, G. G. Schwartz(ed). *Advanced Industrialization and the Inner Cities*. LexingtonBooks.

Davies, Jonathan. D. (2002). The Governance of Urban Regeneration: A Critique of the 'Governing without Government' thesis. *Public Administration*. 80(2): 301~322.

Deakin, Nicholas, and John Edwards. (1993). *The Enterprise Culture and the Inner City*. London: Routeledge.

DeGrove, J. M. (1991). "Growth management and governance". In D. J. Brower, D. R. Godschalk, and D. R. Porter, eds. *Understanding Growth Management: Critical Issues and a Research Agenda*. Washington, D.C.: the Urban Land Institute.

Department of Environment. (1977a). *Inner London: Policies for Dispersal and Balance*. Final Report of the Lambeth Inner Area Study. London. DoE.

Department of Environment. (1977b). *Change and Decay*. Final Report of Liverpool Inner Area Study. London. DoE.

Department of Environment. (1977c). *Unequal City*. Final Report of the Birmingham Inner Area Study. London. DoE.

Department of Environment. (1977d). *The Policy for the Inner City*. Cmnd. 6845. London. HMSO.

Friedrichs. J. (1993). A Theory of Urban Decline: Economy, Demography and Political Elites. *Urban Studies*, 30(6): 907～917.

Garreau, J. (1991). *Edge City: Life on the New Frontier*. Anchor Books Doubleday.

Gibbs, J. P. (ed). (1967). "Multinucleation in Metropolitan Economies". *Economic Geography*. 76(3): 194～195.

Hirohara, M., Alden, J. D. and Cassim, M. (1988). "The Impact of Recent Urbanisation on Inner City Development in Japan". *Town Planing Review*. 59(4): 365～381.

Home, R. K. (1982). *Inner City Regeneration*. E & F. N. Spon.

Jerome I. Hodos. (2002). "Globalization, Regionalism, and Urban Restructuring: The Case of Philadelphia". *URBAN AFFAIRS REVIEW*. 37(3): 358～379.

Johnson, J. H. (1981). *Urban Geography: An Introductory Analysis*. New York: Pergamon Press.

International City/County Management Association(ICMA)(2002), Getting to Smart Growth: 100 Policies for Implementation.

Klassen, L. H. and Paelinck, J. H. P. (1979). *The Future of Large*

Towns, Environmental and Planning A. 1979. 11: 1095~1104.

Lawless, P. (1981). *Britain's Inner Cities: Problems and Policies*. Harper and Row.

Lever, W. F. (1987). "The Inner Cities Research Programme: The Clydeside Case-Study". Hausner, V. A. & ESRC Inner Cities Research Programme, *Urban Economic Change: Five City Studies*, Oxford, 182~217.

Markusen, A. R. (1985). *Profit Cycles, Oligopoly, and Regional Development*. Cambridge. MA and London: MI.

McCarthy, J. and Pollock, S. H. A. Urban Regeneration in Glasgow and Dundee: A Comparative Evaluation. *Land Use Policy*, 14(2): 137~149.

Murphy, R. E. and Vance, J. E. (1967). "Delimiting the CBD". in Jack P. Gibbs(ed). (1967). *Urban Research Methods*. Princeton: D. Van Nostrand Company, Inc., 187~220.

OECD. (1983). *Management Urban Change*. Polices and Finance. 1(1).

Petsimeris, P. (1998). Urban Decline and the New Social and Ethnic Divisions in the Core Cities of the Italian Industrial Triangle. *Urban Studies*, 35(3): 449~46.

Raco, M. (2003). Assessing the Discourses and Practices of Urban Regeneration in a Growing Region. *Geoforum*, 34: 37~55.

Reissman, L. (1996). *The Urban Press: Cities in Industrial Societies*. New York: Pergamon Press.

Richardson, H. W. (1978). *Urban Economics*. Hinsdale, IL: Dryden Press.

Roberts, P. and Sykes, H. (ed). (2000). *Urban Regeneration: A Handbook*. London: Sage Publication.

Robson, B. (1988). *Those Inner Cities*. Oxford University Press.

Rust, F. (1975). *No Growth*. Lexington: D. C. Heath.

Schwartz, G. G. (ed). (1981). *Urban Revitalization*. Sage Publication.

Solomon, A. P. & Vandell, K. D. (1982). "Alternative Perspectives on Neighboorhood Decline". *JAPA*.

Sue, R. (2000). Towards an Urban Renaissance: The Final Report of the Urban Task Force. *Political Quarterly*, 71(1): 115~118.

Urban Task Force. (1999). *Towards an Urban Renaissance*. London: E & FN Spon.

Vans, J. E. (1971). "Focus on Downtown". in Larry S. Bourne(ed). *Internal Structure of the city*. New York: Oxford University Press.

Mike, J. and Rod, B. (2000). *Compact Cities: Sustainable Urban Forms for Developing Countries*. Spon Press. London and New York.

Williams, G. (1983). *Inner city Policy: A Partnership with the Voluntary Sector*?. NGVO Occasional Paper Three. 18~40.

Werner H, Public-Private Partnership in Urban (Re)development. *Urban Regeneration In European Cities: Its Physical, Social & Economic Dimensions*. INTA Press, 99~102.

高橋勇悅(編). (1992). 「大都市社會のリストラクチヤリング」. 東京: 東京大學出版會.

高梨憲爾. (1998). "川崎市における中心市街地活性化への取り組み: 地域とペートナシツプをめざして". 「都市問題」. 39(10): 39~48.

國制都市政策硏究會. (2001). 「再生!日本の都市: OECD對日都市政策報告書」. 東京: ぎょうせい.

國土交通省都市・地域整備局. (2003). 「第21回韓・日都市開發協力會議」. 2~4.

金子勝. (2003). "日本型インナーシティ問題: 地域經濟の崩壞と分權化の課題". 「都市問題」. 94(8): 85~97.

大久保昌一. (2003). "21世紀の大都市像". 「都市問題」. 94(6): 43~61.

大方潤一郎. (2002). "都市再生と都市計劃". 「都市問題」. 93(3): 17～36.

大西隆. (1998). "中心市街地問題の構造と活性化の課題". 「都市問題」. 89(10): 3～15.

大阪市立大學經濟研究所(編). (1981). 「大都市の衰退と再生」. 東京: 東京大學出版會.

大阪市立大學經濟研究所. (1992). 「現代大都市のリストラクチヤリング」. 東京: 東京大學出版會.

保井美樹. (1998). "アメリにおけるBusiness Improvement District(BID): NPOにおける中心市街地活性化". 「都市問題」. 89(10): 79～95.

本間義人. (2003). "少數派の都市論の教訓: 都市再生論議の出發點として". 「都市問題」. 94(6): 63～85.

森田博行. (1998). "商店街の新しい試み". 「都市問題」. 89(10): 49～64.

植田政孝. (1997). 「現代大都市のRestructuring」. 大阪市立大學經濟研究所.

石原武政. (1998). "出店調整政策の轉換の地域商店の今後". 「都市問題」. 89(10): 17～28.

成田孝三. (1987). 「大都市衰退地區の再生」. 東京: 大明黨.

成田孝三.. (2003). "再都市化段階の世界都市ロンドンと東京の政策". 「都市問題」. 94(6): 3～25.

神戸都市問題研究所. (1981). 「インナーシティ再生のために政策ビジョン」. 17～39.

鈴木隆. (1998). "フランスの中心市街地の再生と商業". 「都市問題」. 89(10): 65～77.

矢作弘. (2002). "グランドデザインなき「都市再生」". 「都市問題」. 93(3): 3～15.

奥田道大. (2002). "「大都市の再生」の社會學的條件". 「都市問題」. 93(3): 5 1～63.

五十嵐敬喜. (1986). 「都市再生の戰略: 規制法から創造法へ」. 東京: 日本經濟評論社.

園部雅久. (2003). “現代大都市の分權化と21世紀への課題”. 「都市問題」. 94(6): 27～42.

日本都市計劃學會. (1999). 新たな都市づくりとしての中心市街地再生. 「都市計劃」. 220: 5～48.

日本政策投資銀行(編). (2000). 「海外の中心市街地活性化」. 東京: ジェトロ.

佐藤滋. (1998). “生活空間としての中心街: 商店街をとした新しいまちづくり”. 「都市問題」. 89(10): 29～38.

中林一樹. (1983). “大都市の內部市街地に關する硏究(1): 東京の都心周邊市街地の現狀に關する資料”. 「總合都市硏究」. 19: 113～131.

田口芳明. (1995). “都市の成長管理と衰退地域”. 「都市計劃」. 192: 42～46.

地方自治硏究機構. (1998). 「地方都市の中心市街地再生方策に關する調査硏究」.

蓑原敬・河合良樹・今枝忠彦. (2000). 「街は要る: 中心市街地とは何か」. 東京: 學芸出版社.

深海隆恒. (1997). “中心市街地活性化への總合的對策について”. 「新都市」. 東京.

長尾謙吉. (2002). “都心における産業立地と「都市再生」”. 「都市問題」. 93(3): 63～73.

長尾治明. (2002). “地方都市における都心活性化の試み: 富山市中心商店街の取組を例に”. 「都市問題」. 93(3): 91～103.

增田由子. (2002). “大都市における都心リノベーションの試み: 虫食いになった新宿區のまちづくり”. 「都市問題」. 93(3): 75～89.

中心市街地活性化硏究會(編). (1999). 「地球環境時代の都市像を求めて中心市街地活性化戰略」. ケイブン出版.

中心市街地活性關關係府省廳連絡協議會. (2001). “中心市街地の活性化の提案”.

通商産業省環境立地局立地政策課(編). (1998). 「中心市街地の活性化: 增補よみえれが街の顔」. 東京: 通商産業調査會出版部.

八田達夫. (2002). “都心集中の便益と費用”. 「都市問題」. 93(3): 37～50.

Ⅳ. 기타

건설교통부. (2002).「도시통계자료」.

광주광역시. (2001).「전남도청 이전 대비 광주발전전략연구」. 광주전남발전연구원.

광주광역시. (2002).「외국의 도심활성화사례연구」.

광주광역시. (2003).「광주광역시 도심활성화 방안연구: 종합계획보고서」. 경기: 국토연구원.

광주광역시. (2003).「도심활성화를 위한 문화시범도시(시범지구) 지정연구」. 전남발전연구원.

대전광역시. (1999).「대전 기존도심 재활성화 방안에 관한 연구」.

목포시. (2002).「목포 구도심활성화 방안연구」.

서울특별시. (2000).「서울 도심부 관리 기본계획」.

순천시. (2002).「순천시 기존 도심활성화 기본계획 연구」.

전주시. (2002).「전주시 구도심부 활성화 방안연구」.

천안시. (2000).「천안시 기존도심공동화에 따른 활성화 방안」.

통계청. (1960・1965・1970・1975・1980・1985・1990・1995・2000).「인구 및 주택총조사 보고서」.

통계청. (1995・2000・2002).「주민등록인구통계」.

www.jcadr.or.jp/kaihatsu/view/view_0008.html

http://www.life-page.co.jp/tmo/susume2.htm#01

http://chushinshigaichi-go.jp/frame/f-laws.htm

http://chushinshigaichi-go.jp/

http://urban.kisc.net

http://www.metro.daejeon.kr/bureaus/urbanplanning/policy/list11.html

<부록 1> 설문지

도심활성화 방안에 관한 조사

안녕하십니까?

본 설문은 「지방 대도시의 지속 가능한 성장관리형 도심재생 방안에 관한 연구」라는 주제로 학위논문을 쓰기 위한 자료를 수집하려는 목적으로 작성되었습니다.

바쁘시더라도 응답하여 주시면 귀하의 소중한 의견은 학문연구의 귀중한 밑거름이 될 것이며, 도심활성화 방안의 마련에도 큰 도움이 될 것입니다.

자료의 분석은 무기명으로 처리되며, 설문결과는 순수한 학문연구의 목적에만 사용할 것을 약속드립니다.

감사합니다.

2004년 2월

문의 사항: ☎ 530-2248, E-mail: hsy1974@hanmail.net

※ 본 설문에서의 「도심지역」은 광주광역시 제1순환도로 내부를 지칭합니다.

귀하는 다음의 어디에 해당하십니까?
① 자영업 종사자 (　　) ② 지역주민 (　　) ③ 관련 공무원 (　　)

Ⅰ. 다음은 도심공동화에 대한 질문입니다. 해당하는 곳에 ∨하여 주십시오.

1. **귀하께서는 도심지역의 쇠퇴현상이 심각하다고 생각하십니까?**
   ① 전혀 심각하지 않다 ② 심각하지 않다 ③ 보통이다
   ④ 심각하다 ⑤ 매우 심각하다

2. **귀하께서는 도심지역의 활성화 사업이 필요하다고 생각하십니까?**
   ① 전혀 필요하지 않다 ② 필요하지 않다 ③ 보통이다
   ④ 필요하다 ⑤ 매우 필요하다

3. **다음은 도심지역의 물리・환경적, 경제적, 사회적 측면의 현황입니다. 각 문항에 대하여 귀하께서 느끼시는 현황을 평가하여 주십시오.**

평 가 문 항	매우 만족	만족	보통	불 만족	매우 불만족
· 보행환경의 편리성					
· 대중교통의 접근성					
· 주거환경의 쾌적성					
· 주차장 이용의 용이성					
· 상업환경(물품 구입, 서비스 등)					
· 업무처리의 용이성(공공, 금융 등)					
· 상업・판매시설의 다양성					
· 도심이미지(역사성, 상징성 등)					
· 생활편의시설(학교, 병원, 백화점 등)					
· 여가・문화시설(극장, 미술관 등)					
· 휴식공간(공원, 녹지 등)					

Ⅱ. 도심활성화 사업의 평가를 위한 내용입니다. 다음의 내용을 읽어보시고 4번~8번의 도심활성화 전략을 "① 전혀 그렇지 않다, ② 그렇지 않다, ③ 보통이다, ④ 그렇다, ⑤ 매우 그렇다"로 평가하여 주시기 바랍니다.

평가지표	평 가 내 용
필 요 성	도심쇠퇴의 해결・완화를 위해 필요한 정도를 묻는 내용입니다.
효 과 성	긍정적인 영향을 기대할 수 있는 정도를 묻는 내용입니다.
추 진 력	사업 주체를 지정하기 쉬운 정도를 묻는 내용입니다.
실 현 성	사업시행이 가능한 정도를 묻는 내용입니다.

평가방법			
평가방법	① 전혀 그렇지 않다	② 그렇지 않다	③ 보통이다
	④ 그렇다	⑤ 매우 그렇다	

4. **다음은 산업・경제 진흥을 통한 도심활성화 전략입니다.**

산업・경제 진흥을 통한 도심활성화	필요성	효과성	추진력	실현성
· 재래시장 정비사업(남광주・대인・양동시장)				
· 광주인쇄센터 건립				
· 문화산업 클러스터(사직공원 일원)				
· 디지털 컨텐츠센터 건립				

5. **다음은 문화・관광 진흥을 통한 도심활성화 전략입니다.**

문화・관광 진흥을 통한 도심활성화	필요성	효과성	추진력	실현성
· 국립 광주 아시아 문화전당				
· 개화기 역사문화마을 조성(양림동 일원)				
· 궁동문화마당 조성(궁동 일대)				
· 특화거리 조성방안(충장로 일원)				
· 전통문화(충・효・예) 체험관 조성				

6. **다음은 도심사회문제 개선을 통한 도심활성화 전략입니다.**

도심사회문제 개선을 통한 도심활성화	필요성	효과성	추진력	실현성
· 인권의 거리 조성(금남로 일대)				
· 위락시설 집단화 지구 조성				
· 4계절 도심대표축제 개최				

7. **다음은 주거여건 개선을 통한 도심활성화 전략입니다.**

주거여건 개선을 통한 도심활성화	필요성	효과성	추진력	실현성
· 광주 천변 복합주거단지 조성(양림동)				
· 금동 구역 도심재개발사업				
· 학2동 구역 도재개발사업				

8. **다음은 물리적 환경정비를 통한 도심활성화 전략입니다.**

물리적 환경정비를 통한 도심활성화	필요성	효과성	추진력	실현성
· 금남로 대중 교통몰 조성(도청~금남로3가)				
· 도심주차장 확충(전남여고, 도청 등)				
· 간이 환승센터 설치(도청 앞)				
· 광주천 친수공간 조성				
· 구한국은행부지 공원화 사업				
· 광주·사직공원 활성화 사업				

Ⅲ. 다음은 도심활성화 방안에 관한 문항입니다. 해당하는 곳에 ∨하여 주십시오.

9. **귀하께서는 도심지역이 갖는 특성은 무엇이라고 생각하십니까?**

① 패션점 등 전문상가의 중심지 ② 문화의 중심지
③ 교통의 중심지 ④ 오랜 역사성과 상징성
⑤ 기타( )

10. **귀하께서는 도심활성화를 위한 비용은 주로 누가 부담해야 한다고 생각하십니까?**

① 중앙정부 ② 광역시 ③ 자치구청
④ 도심지역 자영업 종사자 ⑤ 도심지역 주민
⑥ 기타( )

11. **귀하께서는 도심 밖 지역의 신규개발이 도심쇠퇴에 미치는 영향은 어떠하다고 생각하십니까?**

① 전혀 크지 않다 ② 크지 않다 ③ 보통이다
④ 크다 ⑤ 매우 크다

12. **귀하께서는 도심지역 상권을 활성화시키기 위한 가장 적절한 방안은 무엇이라고 생각하십니까?**

① 세금감면, 저리융자알선 등 경제적 지원
② 주요 기관 이전억제, 대형사업체의 유치 등
③ 외곽의 신규개발억제 등 도시계획적 조치
④ 교통개선, 가로정비 등 생활환경개선 조치
⑤ 각종 규제완화, 행정간소화 등 행정조치
⑥ 기타( )

13. **귀하께서는 재래시장 현대화를 위해 지 자체나 정부가 가장 우선적으로 지원해야 할 항목은 무엇이라고 생각하십니까?**

① 시설 개·보수 ② 자금지원 ③ 세금혜택
④ 교통문제 해결 ⑤ 인허가 조건 완화
⑥ 기타( )

14. **귀하께서는 각 부서별로 나누어져 있는 도심 관련 업무담당 부서의 효율적인 운영방안은 무엇이라고 생각하십니까?**

① 관련 기구의 통폐합 ② 전담기구 신설
③ 위원회 등 기능강화 ④ 일부 직제를 조정하여 운영
⑤ 현재의 직제대로 운영(부서별 운영)
⑥ 기타( )

15. **귀하께서는 도심활성화 사업 과정에서 도심 지역주민(자영업자 포함)의 참여가 가장 필요한 단계는 어느 단계라고 생각하십니까?**

① 정책수립단계 ② 도시계획단계 ③ 사업계획단계
④ 사업시행단계 ⑤ 관리처분단계 ⑥ 기타( )

16. **도심활성화를 위하여 귀하께서 하시고 싶은 말씀은?**

—설문에 응답해 주셔서 대단히 감사합니다—

<부록 2> 주요 도시 도심재생 사례

1. 미국의 중심시가지 활성화 사례

도 시 명	공 동 화 원 인	활 성 화 시 책
Portland · 메인주의 최대도시 · 인구: 6만 명 · 전체 면적의 80%가 숲 · 겨울에는 눈이 많아 관광객은 대부분 여름에 방문(연간 약 370만 명)	· 1980년대 중심시가지에서 자동차로 20분 거리에 Maine Mall(교외형 쇼핑몰)이 개점함에 따라 중심시가지의 상점 쇠락 · 오피스의 교외화로 건물의 공실률이 90% 이르고, 중심시가지의 유일한 백화점도 문을 닫음	○ 지역성이 강한 마을 만들기 실현 · 공장직판장, 생선 · 야채 · 고기 · 치즈 등 토산품 판매를 위한 공설시장 등 ○ 워커블한 거리 조성 · 비싼 임대료 및 주차난으로 이전해간 회사를 중심시가지로 불러들여 보행자를 늘림 · 위기의식을 느낀 부동산소유자가 중심이 되어 PDD(포틀랜드 다운타운 디스트릭트)를 결성하여 청소, 치안, 도시안내, social service 등을 시작 ○ 예술가를 키우는 거리조성 · 폐점된 백화점 건물을 개조하여 예술학교로 사용 · 인근에 예술박물관, 아동박물관 등이 있어 예술 집적공간으로 거듭 남
Burlington · 버몬트 주 최대 도시 · 인구: 4만 명(주변 카운티 포함: 14만 명) · 정원 17천 명의 버몬트대학입지 (1891년 개교) · 샴프렌 호수와 인접된 호반도시	· 주력산업인 섬유산업이 1950~1960년대에 생산거점을 이전함에 따라 제조업이 쇠퇴함	○ 하이테크 호반도시로 탈바꿈 · 1957년 IBM 입지(7천 명), 버몬트대학(3천 명), 의료 관련 시설(4천 명)에 고소득자가 많이 고용됨 ○ Church Street Market Places · 처치 스트리트마켓 플레이스의 건설구상은 제조업이 쇠퇴하는 가운데 중심시가지를 재생시키기 위하여 1958년 재개발계획 일환으로 시작됨 · 민간버스의 공영화 및 거리확장 보행자전용몰 등 자동차교통억제 플랜 추진

도 시 명	공 동 화 원 인	활 성 화 시 책
		○피라미드몰 건설계획 철회 및 성장 관리법제(ACT250) 도입 · 1976년 피라미드사는 벌링턴 동쪽 8km지점에 쇼핑 Complex 개발계획을 신청 하였으나, 중심시가지의 판매수익이 약 40% 감소할 것이라는 분석자료에 의거 불허가 처리 · ACT250은 사전에 토지이용허가를 받지 않는 한, 개발에 착수할 수 없도록 하기 위하여 1970년에 제정하였으나, 최근에는 교외형 대규모 쇼핑센터의 개발을 억제하는 데 커다란 영향을 미치고 있음 ○재생을 가능하게 한 소프트·하드 인프라 · 방문객을 위한 주차장 · 중심시가지에 많은 주차장을 확보하고, 2시간까지는 주차요금이 무료임 · 빈틈없는 버스운행 서비스 · 경영이 악화된 민간회사를 1973년 주정부산하의 수송공사가 운영 · 버몬트대학~워터프런트 마켓플레이스까지 약 3km 구간을 15분 간격으로 무료버스가 운행(대학의 교통유발 방지 및 집객효과 거양) · 보행자 전용도로 몰 조성 · 폭20m 도로를 따라 3~4층 건물이 있으며, 도로는 벽돌을 깔고 나무나 벤치 등을 각 장소에 배치 · 자동차통행은 물품운반 등을 위해 오전7~10시까지만 허용 · 대상지역 지정과 부과금 징수, 활성화대책 수립·집행 등을 위하여 설립한 처치스트리트 마켓 플레이스 디스트릭트위원회가 지대한 역할을 수행하고 있음

도 시 명	공 동 화 원 인	활 성 화 시 책
New York (맨하턴 지구) · 맨하턴은 남북으로 24km, 동서로 4km인 섬 · 인구: 150만 명 · 뉴욕시 경제활동의 중심지이며 세계적인 관광도시임	· 1970년대 이후 맨하턴에 있는 업체들이 미드타운으로 이동함에 따라 맨하턴 지역이 기업의 정보통신 인프라 수요에 대응할 수 없게 됨에 따라 1980년대 말부터 오피스 공실률이 상승하여 1995년에는 25%에 달함 · 건물의 고액임대료로 인해 저소득층의 정주생활 곤란	ㅇ 1993년 쥬리아니 시장은 맨하턴 지구의 활성화를 위하여 조닝변경에 의해 주거지구를 재생 · 조닝변경에 의한 주거공간의 신규공급 확대 · 1975년 이전에 지어진 오피스빌딩을 주거용으로 전환 촉진 · 상업 Tenant 유치를 위한 세제우대정책 등을 추진함('75년 이전에 지어진 오피스빌딩을 주거용으로 개조할 경우 부동산세 경감) ㅇ 세제우대정책 시행 후 많은 노후빌딩이 주거용으로 전환되어 인구 유입효과를 거양함. ㅇ 특정거주용 빌딩을 신축할 때 개발업자에게 세제감면 혜택을 주는 대신, 전 가구의 20%를 저소득자를 위한 임대료로 설정할 것을 의무화 ㅇ 거주촉진에 필스적인 생활 인프라의 정비 · 슈퍼, 오락, 의료 등
Pittsburgh · 펜실베이니아 주의 제2의 도시 · 19세기 초부터 철강, 공작, 기계, 유리 등 미국 제조업의 대표도시	· 제조업의 발전은 심각한 환경문제를 초래하여 스모그 도시로 전략하게 되고 · 환경문제 해결을 위한 기존산업 이전으로 결국 인구의 대량 유출현상이 발생	ㅇ 제조업 도시에서 환경도시로, 제3차 산업 중심의 하이테크로의 변환을 추진하여 현재는 「미니 맨하턴」으로 불리고 있음 · 피츠버그 · 카네기 · 메론대학 등에서는 장기이식 등 바이오 테크놀러지(BT)와 로봇공학 등 최첨단 연구가 진행되고, 이로 인해 새로운 산업이 생겨나고 있음 ㅇ 피츠버그의 도시개발공사가 르네상스계획에서 직접 다루는 주요 프로젝트는 다음과 같음 · 미국 전체에서 최초로 토지수용권을 이용한 민간 재개발 프로젝트로서 오피스빌딩, 아파트, 호텔, 대규모 지하주차장 등을 복합적으로 개발 · 유리로 된 오피스빌딩 6동을 5에이커의 토지에 건축하여 공개공지를 넓게 확보

도 시 명	공 동 화 원 인	활 성 화 시 책
		· 컨벤션 주변 등에 고급호텔, 오피스빌딩 등을 건설
Cleveland · 오하이오 주의 제2의 도시 · 19세기 전반에 엘리운하 및 오하이오 엘리운하가 개통 · 제조업, 석유정제, 조선업, 자동차산업 등이 발전	· 다른 공업도시와 마찬가지로 산업구조의 격심한 변화에 직면하면서 도시부의 인구감소, 빈곤층 증대, 버려진 가옥 등이 증가함에 따라 중심부 황폐화 초래 · 1978년 클리블랜드시는 대불황 이후 주요 도시로서는 처음으로 채무불이행을 야기함 · 또한 엘리호 및 가이야호 강의 오염은 회복 불가능한 수준에 도달하는 등 제조업 중심으로 하는 산업구조가 붕괴됨 · 1950년 92만 명이던 인구는 1970년대에 18만, 80년대에 7만 명이 감소하였고 1990년에는 51만 명으로 대폭 감소됨 · 1979~83년까지 제조업 종사자도 약 25%가 감소하였고, 그 후 경기회복에도 불구하고 제조업 종사자는 계속 감소함 · 1980년대 후반부터 고용 전체는 증가했지만 시내 빈곤층 인구는 계속증가('90년도 시내 빈곤층이 15만 명으로 전 인구의 30%에 해당) · 부유층 주택이 교외에 건설됨에 따라 시내주택가격은 계속 하락하고, 자산가치 하락이 자본손실을 낳고, 떠나고 싶어도 떠날 수 없는 빈곤자가 시내에 잔류	ㅇ비즈니스 도시로서의 재생 전략 · 금융 · 본사기능 · 오락의 중심이 될 수 있도록 민간개발을 촉진하고, 이에 대해 공적지원(보조금, 세제혜택 등)을 최대한 실시 · 중심시가지 기능보강을 위하여 본사기능 집중지구, 극장지구, 스타디움, 락 박물관 등이 집중 정비되었고, 이후에는 거점간을 선으로 연결함으로써 도시 활성화를 확대할 계획임. ㅇ관민 파트너십 · 채무불이행을 일으킨 시의 장래를 염려하는 8명의 대표적 기업 CEO(최고경영자)들이 1982년 클리블랜드 투모루(CT)를 설립한 후 극장지구 재개발 등의 다운타운 개발을 지원함과 동시에 벤쳐케피탈 · 펀드, 대학의 리서치센터 등의 프로그램에 힘쓰고 있음 · 1966년 흑인폭동 후 황폐화된 시가지의 빈집 · 폐가 등을 가톨릭수녀회가 중심이 되어 저가로 매수하고 이를 개수하여 저소득자에게 장기저리(15년)로 임대 ㅇ시사점 · 1980년대까지 현저하게 나타난 지역의 여러 위기를 관민이 협력하면서 중심지 대규모 개발이나 주거촉진을 진행함 · 그 결과 중심시가지에는 활기가 넘치고 교외 거주자를 업무나 오락의 장소로 끌어들인다는 점에서 성공을 거두고 있음

도 시 명	공 동 화 원 인	활 성 화 시 책
San Antonio · 텍사스 주 중심부 남측에 위치 · 인구: 107만 명 · 세계적으로 유명한 체류형 관광·컨벤션 도시	· 산안토니오 시내 중심부를 U자형으로 흐르고 있는 산안토니오강은 대규모 폭우에 의한 강 범람 및 가뭄·전염병 창궐 등으로 도시발전에 많은 문제를 안겨줌	ㅇ골치 아픈 장애물을 시가지의 매력 포인트인 River walk로 탈바꿈 · 1911년부터 수많은 시행착오와 좌절에 굴하지 않고 꾸준히 하천정비사업을 시행한 결과 세계적인 수변 명소로 자리 잡음 · 50년의 세월 중 어느 한순간 안이한 생각으로 강을 매워버렸다면, 오늘날 연간 1,000만 명의 관광메카를 실현할 수 없었을 것임 ㅇ시사점 · 강은 방해물이 아닌 지역자원이고 · 강변을 윤택한 보행공간으로 삼음으로써 변화를 창출하게 되고 · 그 변화함으로 인하여 다양한 비즈니스 찬스가 생김 ㅇ안토니오시의 성공 비결은 · 마을 만들기에 필요한 요소가 무엇인지를 정확히 제시한 결과로써 · 선결자의 뛰어난 아이디어와 그러한 선결자의 착상을 살린 당국의 도량, 몇 번이나 좌절해도 100년 단위의 장기계획으로 그것을 극복하는 집념과 투자의 집중이며 · 무엇보다 자신 등 지역의 정체성 찾기에 성원을 한 주민의 뜨거운 열의가 있었기 때문임
Denver · 콜로라도 주의 록키산맥 동쪽에 위치 · 인구: 50만 명 · 해발표고1,600m에 형성된 고산도시	· 덴버시의 중심시가지도 교외형 쇼핑센터와의 경쟁 때문에 1960년대부터 서서히 쇠퇴 · 자동차교통량 증대와 노상주차가 일으키는 만성적인 교통체증, 대형백화점의 연이은 폐점(4개)과 보행자의 현저한 감소 등으로 중심시가지 공동화는 점점 심각해졌음	ㅇ셔틀버스 도입 및 가로경관 정비 · 셔틀버스 프로젝트는 1980년부터 2년 동안 시행되었고 공사비의 80%는 연방정부가 보조 · 셔틀버스는 1마일 구간을 1~2분마다 연중무휴 무료로 운행 · 셔틀버스 전용레인 옆의 보도는 넓게 확장한 후 고품격의 유색화 강암으로 포장하고, 새롭게 디자인된 가로수, 가로등 깃발(현수막) 등의 배치에 의해 전체적으로 세련된 분위기를 창출하였으며,

도 시 명	공 동 화 원 인	활 성 화 시 책
		·버스레인을 끼고 있는 도로 중앙부에도 보행자 전용레인이 설치되어 가로수, 벤치, 테이블, 분수 등이 설치됨 ○아름다운 마을 만들기 ·덴버시 16번가를 매력적인 중심시가지로 바꾸는 데는 셔틀버스 도입과 함께, 거리 양측 건물의 정비나 재개발이 병행되었음 ·1958년 설립된 덴버시 직속 비영리회사(DURA)가 중심시가지 및 주변 도시재개발사업 프로젝트를 기획·조정하고, 자금원조도 실시 ·DURA의 주요 지원사업은 대규모 복합상가 건설, 오래된 역사적 건물을 보존 수복하여 상업·오피스·아파트 등 복합빌딩으로 단장, 폐점된 백화점을 숙박 및 컨벤션으로 정비한 것 등임 ○중심시가지 기능유지를 위한 소프트웨어 ·"거리를 만들면 사람이 모인다"라는 잘못을 되풀이 하지 않기 위해서 프로젝트인 하드가 완성된 후에도 끊임없이 노력하고 보완·정비함 ·특히, 거리의 활성화 만들기와 손님 끌기를 위한 참신한 연구나 이벤트 등이 중요함 계절에 따른 각종 페스티벌이나 거리예술 등의 공연기획은 물론, 런던의 명물인 2층 중고버스를 개조한 매점, 경찰로 기부된 20,000달러로 시작한 기마순찰들이 시민이나 관광객들로부터 호평을 얻고 있음 ※ **시사점** ○ 이 프로젝트의 가장 큰 성공요인은 ·일반 차량을 완전 배제하고 대중교통 시스템과 보행자 전용레인을 잘 조화시켜 Transit Mall을 형성한 점 ·보행자의 쾌적성과 편리성을 확보한 점 ·환경문제(정체와 대기오염)에 적절히 대응한 결과임

도 시 명	공 동 화 원 인	활 성 화 시 책
Portland · 오레곤 주의 중심도시 · 인구: 50만 명 · 산림자원이 풍부	· 포틀랜드시도 1960년부터 70년대까지 중심시가지의 쇠퇴가 있었음 · 교외의 신흥주택을 연결하는 간선도로에 만성적인 교통체증이 발생하고, 시내교통 혼잡과 노상주차의 증가에 따라 점차 보행자의 발길이 멀어져 쇠퇴하기 시작함	ㅇ선구적인 성장관리 정책 · 도시성장 경계선 설정에 의한 도시 스프롤 억제 · 탈자동차 사회 구현 · 대중교통기관에 의한 도시계획 · 광역적 도시문제에 대응하기 위한 새로운 광역정부(Metro) 수립 ㅇ트랜싯트 몰에 의한 중심시가지 재생 · 트랜싯트 몰은 버스 이외의 자동차 진입을 금지한 보행자 전용상점가로서, 버스전용도로와 버스승차장을 설치하고, 도로에는 벽돌이 깔린 넓은 보도가 정비되어 보행자를 즐겁게 하기 위한 다양한 디자인 오브제와 벤치를 설치 · 중심시가지에서는 버스도 전차도 모두 무료이기 때문에 보행을 대신하는 수단으로 간편하게 이용 ㅇ보행자를 위한 마을 만들기 · 포틀랜드시는 자동차 이용 억제를 위한 과감한 역인센티브 정책을 취함. 즉, 주차장 없는 건물 신축은 쉽지만, 반대로 주차장이 있는 건물을 건설할 때에는 특별한 심사가 요구됨 · 도로에 접한 건물의 1층 부분은 거리의 번화함이나 보행자의 편리에 있어서 아주 중요한 요소이므로 1층 부분은 레스토랑이나 소매점 등 거리에 활기를 주는 시설입지를 권유 · 대중 교통이용자가 무료로 이용할 수 있는 Park and Ride를 요소에 설치 · 자전거 이용 촉진(신축건물에 자전거 보관소 설치 의무화) · 고령자 · 장애자의 안정성, 편리성 확보 **※ 시사점** ㅇ포틀랜드시는 사람들로 붐비는 번화함이나 화려한 상업시설은 없지만, 청결하고 안심하고 걸을 수 있는 "사람에게 편안한 거리"가 바로 이 도시의 컨셉임

도 시 명	공 동 화 원 인	활 성 화 시 책
		청결하고 안심하고 걸을 수 있는 "사람에게 편안한 거리"가 바로 이 도시의 컨셉임 ○트랜싯트 몰의 버스나 노면전차를 정비함으로써 교통체증에 의한 도시환경의 악화와 교외로부터의 접근성을 개선하고, 보행자에게 편안한 거리를 되찾아 주는 데 주안점을 두었음

2. 영국의 중심시가지 활성화 사례

도 시 명	공 동 화 원 인	활 성 화 시 책
Sheffield · 요크셔 지방의 중심도시 · 인구: 53만 명으로 영국 제5위의 도시	· 산업혁명 후 세필드는 철강도시로서 번영해 왔지만, 1970년대 후반 철강산업의 경쟁력 상실과 더불어 쇠퇴하기 시작하였으며, 1980년대에는 실업률이 전국 평균을 상회함 · 1850년에는 영국 전체의 90%, 유럽 전체의 50%의 철강을 생산했지만, 1970년대 후반 철강산업의 국제 경쟁력 상실로 유휴시설과 유휴지가 증가하고 3년 만에 25천명의 실업자가 발생	○1983년 세필드 시청은 유휴지의 투자를 촉진하고, 동시에 고용을 창출하기 위하여 공장 및 창고의 이전적지가 많이 방치되어 있는 로워던 발리지구의 개발계획을 추진함 · 대규모 쇼핑센터인 메도우홀을 유치 · 폐쇄된 운하에 방치되어 있던 철도부지와 창고를 오피스·상점·호텔 등으로 재개발 · 폐기된 탄광위에 세필드 시티공항을 민자유치로 건설하고, 사업자에게는 공항주변의 70에이커의 업무단지(Business Park) 조성권을 부여함 ○중심시가지 활성화 · 중심시가지 활성화를 위한 비즈니스계획을 다음과 같이 그룹별로 분담·추진 · 유지관리그룹: 방범·청소 등 유지관리 · 촉진·홍보그룹: 계획의 홍보담당 · 투자·사업그룹: 고용창출에 공헌할 투자를 검토

도 시 명	공 동 화 원 인	활 성 화 시 책
		·중심시가지 파트너십 그룹: 시내 유지에게 개발계획을 직접 전달하여 계획의 원활한 수행 및 지원을 요청 ·중심시가지를 4개 지구로 분할 시행 ·케슬게이트 마켓지구: 패션, 식료품, 중고품 상점가 ·과학·문화산업지구: 음악·영상 관련 산업 ·데본셔 근린주거지구: 235호의 주택이 모여 있는 지역을 정비 ·대성당 전문업지구: 구시청사는 오케스트라 연주회장으로 개조, 구소방서는 레스토랑·점포·주택(200호)으로 이용 ○중심시가지 활성화를 위해 투자만이 능사는 아님 ·관광사업을 촉진하기 위해 국제 재즈페스티벌, 아동 페스티벌 등을 개최하고 있은. ·대중교통이나 영화관의 요금할인 제도로 시행하고 있음 ※시사점 ○우리는 교외형 대규모 쇼핑센터와 중심시가지를 대립하는 것으로 보는 경향이 있으나, 세필드에서는 대규모 쇼핑센터인 메도우 홀과 중심시가지 상점가의 공존이 실현되고 있음 ○메도우 홀과 중심시가지는 서로 다른 역할을 수행함 ·교외형 쇼핑센터: 특정상품의 구매에 매력적인 장소 ·중심시가지: 쇼핑하고, 일하고, 문화를 접하는 다기능적 공간 ·대성당 전문업지구: 구시청사는 오케스트라 연주회장으로 개조, 구소방서는 레스토랑·점포·주택(200호)으로 이용 ○중심시가지 활성화를 위해 투자만이 능사는 아님 ·관광사업을 촉진하기 위해 국제 재즈페스티벌, 아동 페스티벌 등을 개최하고 있음.

도 시 명	공 동 화 원 인	활 성 화 시 책
		· 대중교통이나 영화관의 요금할인 제도로 시행하고 있음 ※시사점 ○우리는 교외형 대규모 쇼핑센터와 중심시가지를 대립하는 것으로 보는 경향이 있으나, 세필드에서는 대규모 쇼핑센터인 메도우 홀과 중심시가지 상점가의 공존이 실현되고 있음 ○메도우 홀과 중심시가지는 서로 다른 역할을 수행함 · 교외형 쇼핑센터: 특정상품의 구매에 매력적인 장소 · 중심시가지: 쇼핑하고, 일하고, 문화를 접하는 다기능적 공간
Nottingham · 잉글랜드 이스트 미들랜드 지방의 중핵 교역도시 · 인구: 약 30만 명 · 산업혁명 때에는 탄광 및 레이스 직물업이 발달 · 노팅엄대학, 노팅엄 트랜드대학 등 전국 수준의 유명대학(4개 학교)이 있고, 총학생수는 9만 명임 · 매년 신입생(약 35천 명)이 중심시가지 활성화에 크게 공헌	· 1980년대 중반, 미국으로부터 교외형 대규모 쇼핑센터 바람이 불어 왔고 · 지자체 및 기존시가지 상업종사자 사이에는 기존시가지의 피폐 및 빈곤지역의 악화를 가속한다는 이유로 입지반대 움직임과 함께 당국이 개발허가를 내주지 않는 사태가 발생함 · 그러나 현재는 기존상업지역 보호·유지가 중장기적인 측면에서 교외형 쇼핑센터가 가져올 이익보다 크다는 것을 입증할 사항에 처함	○기성시가지는 수많은 중소상업자에 의해 교외형에 없는 다양성은 있지만, 기능적인 중심시가지의 활성화를 위해서는 수많은 사업자를 집중시키고, 필요한 경우 상점가의 재배치 및 (구획정리를 위한) 강제수용 등을 시당국이 시행할 수밖에 없음 ○또한, 시가지의 매력을 증진시키기 위해서는 상점 외에도 미술관·운동시설 등의 공공시설 및 공공서비스 시설의 설치가 필요하고 특히, 중앙 및 지방정부로부터 지원되는 보조금이 집중되어야 함 ※노팅엄 중심시가지 활성화를 위한 "비지니스 플랜(1996~'98)" 내용을 간략하게 소개하면 다음과 같음 ○ 중심시가지←활성화←활동←및 TCM(Town Centre Management) 성과의 모니터링(7천파운드) ○중심시가지를 쇼핑·관광·레저 기타 상업의 중심지로서 방문자에게 어필 ○중심시가지의 경제개발을 지원(8천 파운드) ○중심시가지의 물리적 환경개선을 촉진(33천파운드) ○중심시가지로의 접근성을 개선(246천 파운드)

도 시 명	공 동 화 원 인	활 성 화 시 책
		ㅇ중심시가지의 비즈니스 사업자를 결정한 각종 포럼의 설립·유지(1천 파운드) ㅇ비즈니스 스킬서포트 제도의 도입을 통해서 중심시가지 사업자의 비즈니스 퍼포먼스와 고객만족도를 향상(6천 파운드)

3. 독일의 중심시가지 활성화 사례

도 시 명	공 동 화 원 인	활 성 화 시 책
Darmstadt · 푸랑크푸르트 남쪽 40km 지점에 위치한 중소도시 · 인구: 14만 명 · 화학·기계·공업도시	· 독일연방은 지방분권 사회가 확립되어 있고, 인구의 분산 및 행정·사법기능 등의 분산이 잘 이루어져 있어 인구의 과다와는 무관하게 각 지역의 자립성과 독자성이 매우 강함 · 독일의 구시가지는 대개 오래된 역사적 건조물로 형성되어 있고, 보행자 전용도로가 발달되어 있어 자동차로부터의 보호가 유리함 · 아직까지 독일에서 대형점의 교외진출이 중심시가지에 미치는 영향이 심각한 사회문제로 대두된 적은 없으나, 다름슈타트시가 교외진출을 시도하는 대형 소매점을 도심으로 유치하기 위해 도시개조를 추진한 사례가 있음	ㅇ1970년 대형쇼핑센터를 유치하기 위해 공한지로 방치된 중심시가지의 시유지를 사업자에게 제공하고, 이를 계기로 일대의 시가지를 개조 · 교통체계개선: 중심지의 간선도로 교차를 지하화하여 일반 차량을 중심지로부터 축출하고 루이젠 광장 주변을 보행천국으로 만듦 · 루이젠 광장은 민간사업자에 의해 복합 SC로 건설한 후 시청의 부속 청사, 시의회 및 50여개의 전문상점이 입주해 있으며, 사업자는 60년 동안 임차 후 시에 반환함 ㅇ중심시가지 활성화 수단 · 전선은 모두 지중화 · 자가용 진입금지(시민의 교통수단은 노면전차와 버스) · 중심존 전체를 보행자전용 도로로 개조 · 중심시가지 주변에 다량의 주차장 확보 · 시가지는 집합주택 중심의 생활공간(지상은 점포, 위층은 주택으로 사용)

출처: http://urban.kisc.net
자료: 日本政策投資銀行 編著. (2000). 「海外の中心市街地活性化」. 東京: ジェトロ; 김광우 역. (2002). 「중심시가지 활성화: 미·영·독의 18개 도시 사례연구」. 광주: 전남대학교 출판부.

•저 자 약 력•

형 시 영

·학력·

전남대학교 경제학사

전남대학교 행정학석사

전남대학교 행정학박사

·경력·

여수대학교 강사

순천대학교 강사

광주여자대학교 강사

전남대학교 행정학과 조교

(현) 日本 *法政大學 法學部* 객원연구원

·주요논저·

『광역자치단체의 새로운 역할관계에 관한 연구(2005. 12)』

『민·관 중심주체들의 시각에서 바라본 지방 대도시 도심재생사업 평가(2005. 8)』

『지방 대도시의 도심재생 방안에 관한 연구(2004. 8)』

『지방 대도시의 도심재생을 위한 정책방안에 관한 연구(2004. 6)』

『INTERNET 신문 이용자의 상호작용성(2003. 6)』

『도농통합 농촌지역의 효율적인 토지이용 방안에 관한 연구(1999. 8)』

『개발제한구역내 토지의 효율적인 관리 및 이용방안에 관한 연구(1997. 12)』

지속 가능한 성장관리형 도시재생의 전략

• 초판 인쇄 2006년 1월 2일
• 초판 발행 2006년 1월 2일

• 지 은 이 형시영
• 펴 낸 이 채종준
• 펴 낸 곳 한국학술정보㈜
경기도 파주시 교하읍 문발리 526-2
파주출판문화정보산업단지
전화 031) 908-3181(대표) · 팩스 031) 908-3189
홈페이지 http://www.kstudy.com
e-mail(e-Book사업부) ebook@kstudy.com
• 등 록 제일산-115호(2000. 6. 19)
• 가 격 26,000원

ISBN 89-534-4172-2 93350 (Paper Book)
89-534-4173-0 98350 (e-Book)